D1747842

Maria Callas

La divina in cucina
Die Entdeckung ihrer kulinarischen Geheimnisse

Maria Callas
ASSOCIAZIONE CULTURALE

Maria Callas

La divina in cucina
Die Entdeckung ihrer kulinarischen Geheimnisse

südwest

La divina in cucina

Die andere Callas 6
*Einführung von Bruno Tosi,
Präsident der »Associazione Culturale Maria Callas«*

22 Ihr Leben in Italien

Venedig – Harry's Bar · 24
Das Carpaccio der Prominenten-Bar

Venedig – Hotel Danieli, Elsa Maxwells Feste · 32
Die legendären Menüs

Verona – Ristorante 12 Apostoli · 39
Feine Veroneser Kochkultur

Florenz – Ristorante Oliviero e Sabatini · 46
Klassische toskanische Küche

Mailand – Ristorante Savini und Biffi Scala · 52
Die luxuriösen »Kantinen« der Scala

Zuhause – Rezepte von Pia Meneghini · 56
Typische Gerichte aus dem Veneto

Privat – Von ihrem Butler notiert · 61
*Fisch, Risotti, Pasta und Gemüse,
Kuchen und Desserts, die sie liebte*

Maria Callas vor dem Savini, Mailand 1952

Leben und Reisen weltweit 78

80 · Kreuzfahrt – Luxusleben auf der Christina
Vom Mittelmeer inspiriert

92 · Onassis – Casanova auf der Christina
Klassische italienische Küche für Liebhaber

102 · Griechenland – Erinnerungen an die Heimat
Griechische Spezialitäten für Gäste und Feste

108 · Südamerika – Das Temperament des Südens
Von Arroz à brasiliera bis Frango com abacate

115 · Nordamerika – Rezepte von Nela Rubinstein
Familienrezepte eines musikalischen Hauses

123 · Frankreich – Die Jahre in Paris
Frankreich trifft Italien – europäische Cross-Over-Küche

Maria Callas mit Liz Taylor und Aristoteles Onassis, Paris 1964

138 Karriere, Freunde, Wegbegleiter
Die Stationen ihres Lebens
Berühmte Größen erinnern sich

Register, Lebenslauf, Impressum 158 · 159 · 160

Die andere Callas

Maria Callas bei einem Galaabend im Circolo della Stampa in Mailand

»Gut zu kochen«, hat Maria Callas einmal gesagt, »ist ein schöpferischer Akt. Wer die Küche liebt, der liebt es auch zu erfinden.«

Maria Callas in ihrer Küche mit der Hausdame Matilde, 1953

Einführung von Bruno Tosi, Präsident der »Associazione Culturale Maria Callas«

Während ihres ganzen Lebens als große Primadonna sah sie sich auch zur perfekten Hausherrin berufen und träumte immer davon (soweit ihr das möglich war bei ihren zahlreichen Verpflichtungen, die sie oft weit ins Ausland führten), am Herd zu stehen und für sich selbst oder ihre Gäste exquisite Köstlichkeiten zuzubereiten.

Die strenge Diät

Allerdings war die Diät, die sie sich selbst verordnete, ab ihrem dreißigsten Lebensjahr unerbittlich streng. Keine Fois gras, keine Leber auf venezianische Art mit Polenta, keinen Reis mit Aal, keine Mousse au Chocolat. Das alles wollte und durfte Maria Callas sich nicht erlauben. Sie, der es gelang, nach einem Gewicht von 108 Kilogramm einen Taillenumfang von nur 59 Zentimetern zu erreichen, hatte in einem einzigen Jahr 40 Kilogramm abgenommen. Luchino Visconti hatte das von ihr verlangt, um aus ihr eine überzeugende *Vestalin* für die gleichnamige Oper von Spontini und eine ätherische, ausgezehrte *Violetta* in der *Traviata* von Verdi machen zu können. Genauso wie Biki, ihre Lieblingsschneiderin, die sie sich schlank wünschte, damit sie ihre Entwürfe mit dem Charme und der Grazie eines Mannequins tragen könne. Und Maria Anna Sophie Cecilia Kalogeropoulos, so der eigentliche Name der Callas, gehorchte. Während sie sich für die Welt zur großen Diva, in die »Göttin« verwandelte, wurde sie immer schlanker, immer schöner.

Tosca, Norma, Lucia von Lammermoor, die *Andina* aus der *Nachtwandlerin* und *Fedora* erwuchsen auf unvergessliche Weise aus der geschmeidigsten Stimme des letzten Jahrhunderts. Sie war die Protagonistin dieser Gestalten und wird es für immer bleiben.

Triumphale Erfolge noch heute

Gegen Ende des Jahres 2005 wurde im italienischen Fernsehen in zwei Folgen eine Fiktion der berühmten Liebesgeschichte ausgestrahlt, die sich zwischen der Callas und dem griechischen Reeder Aristoteles Onassis entwickelt hatte. Zur selben Zeit erlebte die Ausstellung »Divina Callas« in Rom einen triumphalen Erfolg. In 32 Schaufenstern der Antiquariate und Werkstätten der Via Giulia, der Lieblingsstraße der Diva, waren ihre wertvollen Abendroben und die Bühnenkostüme ausgestellt, die sie im Laufe ihrer Karriere getragen hat.

Zusätzliches Interesse entfacht nun aber ein ganz neues und erstaunliches Mosaiksteinchen, das wir dem Lebenslauf dieser Diva hinzufügen können. La Divina hatte nämlich, wie erst jetzt bekannt wurde, eine heimliche und unbekannte Leidenschaft: Die gute Küche. Maria Callas liebte köstliche Leckerbissen, Delikatessen, die von den großen Küchenchefs der Welt ihr zu Ehren zubereitet wurden, von denen sie aber stets nur naschte. Mit

Noch dreißig Jahre nach ihrem tragischen und viel zu frühen Tod übt diese große Sängerin eine große Faszination aus.

souveräner Ergebenheit in ihr (Diät-) Schicksal und großer Konsequenz stibitzte sie immer nur winzige Häppchen von den Tellern der anderen, die mit ihr zusammen speisten.

Ein unbekanntes Hobby

Wenn ihr etwas besonders gut geschmeckt hatte, notierte sie die Rezepte selbst oder ließ sie aufschreiben. Als genüge dies nicht, hatte die Callas ein weiteres, fast manisch betriebenes Hobby: Sie sammelte die Rezepte, die in den wöchentlich erscheinenden Frauenzeitschriften und in den weit verbreiteten Boulevardblättern der 40er und 50er Jahre veröffentlicht wurden, wie beispielsweise der Domenica del Corriere oder Annabella.

Was nur wenige wissen: Um ihre große Leidenschaft für das Essen zu sublimieren, sammelte sie geradezu besessen ihre Lieblingsrezepte, um sie an die Köche und Köchinnen der Häuser weiterzugeben, in denen sie oft zu Gast war. Oft schrieb sie die Rezepte per Hand auf kleine Zettel, die sie dann den treuen Händen von Elena Pozzan anvertraute, ihrer Haushälterin und Köchin.

Auch wenn sie auf Reisen war, von einem Theater zum nächsten hastete, schnitt sie jeden Tag aus den europäischen oder amerikanischen Tageszeitungen die darin veröffentlichten Rezepte aus.

Nicht vergessen darf man auch die von ihr gesammelten vielen Kochbücher in allen Sprachen, die eine veritable Bibliothek ergaben. Die ersten Kochbücher waren ihr von ihrer Schwägerin Giuseppina geschenkt worden, als sie mit Giovanni Battista Meneghini verlobt und ab 1949 verheiratet war. »Titta«, so der Kosename der Callas für ihren Ehemann, war ein Feinschmecker, für den Maria eine perfekte Köchin sein wollte. So hatte sie in der Küche des Hauses in der Via San Fermo in Verona, dem ersten Haus, in dem die beiden nach der Eheschließung wohnten, ein großes Regal gesteckt voll mit Kochbüchern, darunter Klassiker wie den Artusi, Il Talismano della felicità von Alda Boni sowie ihre Rezeptsammlungen aus Petronilla und aus Domenica del Corriere.

Fundamental ist das Zeugnis, das G. B. Meneghini in seinem Erinnerungsbuch »Maria Callas, mia moglie« (Meine Frau Maria Callas)

Jedesmal, wenn sie in ein Geschäft für Küchenbedarf ging und da irgendetwas Neues sah, kaufte sie es. Sie nannte diese Sachen ihre »Flausen«, und die Küche war voll davon.

ablegt, indem er schreibt: »Ihr Gewicht machte Maria sehr zu schaffen, und ihr Wunsch, abzunehmen (seit 1953), war außerordentlich groß. Ich selbst war immer ein Feinschmecker, aber niemals ein Vielfraß. Zu Hause liebte ich wohlschmeckende, bodenständige Gerichte, Maria hingegen hielt sich immer pflichttreu an ihre strenge Diät. Niemals hätte sie eine mit Mehl zubereitete Speise gegessen. Sie nahm nur gegrilltes Fleisch zu sich und rohes Gemüse ohne Zugaben, weder Öl noch Salz, wie eine Ziege. Niemals trank sie Alkohol, höchstens ab und zu ein Schlückchen Wein. Sie war geradezu verrückt nach blutigem Fleisch: Filetti und Bistecche alla fiorentina zum Beispiel. Die aß sie aus der Hand und riss mit den Zähnen das Fleisch vom Knochen wie eine Raubkatze. Nur für auf dem Holzkohlenfeuer gegrillte Steaks ließ sie manchmal zu, dass der Appetit sie übermannte. Wenn sie an der Scala sang, gingen wir um 7 Uhr am Abend in das Biffi-Scala zum Essen. Dort verzehrte sie ein 800-Gramm-Steak, und wer das sah, der fragte sich verwundert, wie sie mit so viel Fleisch im Magen noch singen konnte.

Kulinarische Experimente

Ihre eigenen, auf das Essen bezogenen Bedürfnisse waren also elementar und erforderten keinerlei Kochkünste. Doch Maria dachte an mich. Sie stand leidenschaftlich gern am Herd und liebte es, mit Pfannen und Töpfen zu hantieren. Die Kochkunst war für sie ein faszinierendes Hobby, und sie hielt sich gerne in der Küche auf. Sie kaufte den merkwürdigsten Plunder: Messer aller Art, Bestecke, Töpfe, Kochlöffel, Quirle in jeder Form. Eine andere ihrer Manien war das Sammeln der Rezepte, die in Zeitungen und Zeitschriften zu finden waren. Nahezu jede

Der Millionär Battista Meneghini verkaufte seinen ganzen Besitz, um sich ausschließlich der Karriere seiner Frau widmen zu können. Er wurde ihr Manager, und mit seiner Hilfe begann ihre große Karriere in Italien und im Ausland.

Woche kaufte sie ein ganzes Bündel Frauenzeitschriften und riss die Seiten mit den Rezepten heraus. Die schnitt sie dann säuberlich aus und klebte sie in Alben. Sie hatte einen ganzen Berg davon. Sie verbrachte ganze Tage mit kulinarischen Experimenten, vor allem mit der Zubereitung von Süßspeisen. Dabei kombinierte sie die unmöglichsten Sachen, und oft genug ging ihr was schief, weil sie die Mengen verwechselte oder die Angaben in den Rezepten vielleicht falsch waren.

Manchmal waren die Ergebnisse wirklich ungenießbar. Ich versuchte, sie zu würdigen, aber das war nicht immer möglich. Sie war aber nie beleidigt; sie lachte nur und startete am nächsten Tag einen neuen Versuch. Im Laufe der Zeit machte sie aber echte Fort-

Maria Callas in ihrer Küche, 1956

schritte. Sonntags fuhren wir nach Zevio (ein Vorort von Verona) zu meiner Mutter, die ebenfalls eine leidenschaftliche Köchin war. Die beiden verschwanden dann in der Küche, und es war ein Vergnügen zu sehen, wie sie sich der Kocherei hingaben. Meine Mutter, die hervorragend kochte, brachte Maria ein paar typisch veronesische Gerichte bei, zum Beispiel Lesso con la pearà (Gekochtes Fleisch mit Pearàsauce), anatra fredda con polenta calda (Kalte Ente mit heißer Polenta) oder baccalà alla veronese (Stockfisch auf Veroneser Art). Und sie lernte schnell und gut: Das Merkwürdige war nur, dass sie, nachdem sie Stunden in der Küche zugebracht hatte, um ein Gericht oder eine Süßspeise zuzubereiten, nicht einmal davon probieren wollte, so sehr hielt sie sich an ihre Diät. Sie war wirklich standhaft.«

Maria Callas und ihr Mann, 1959

Die Rezeptsammlung

Die Spezialitäten der veronesischen und venezianischen, dann der mailändischen und schließlich der klassischen italienischen Küche, aber auch der französischen, der griechischen und amerikanischen Küche sind alle in diesem Buch zu finden. Eine bisher unveröffentlichte, reiche und interessante Sammlung. Die Rezepte wurden zwar den heutigen Ess- und Zubereitungsgewohnheiten angepasst, dennoch darf nicht vergessen werden, aus welcher Zeit sie stammen – nämlich den fünfziger Nachkriegsjahren, in denen die Esskultur noch nicht den kultivierten Feinschmeckerstandard hatte, den wir heute als selbstverständlich betrachten.

Aber kommen wir zu der Diät und der unglaublichen Verwandlung zurück, die die Callas durchmachte. Bis 1953 war Maria sehr dick. In Büchern und Zeitschriften kann man lesen, dass sie sich auf große Portionen Pasta mit Saucen stürzte, dass sie massenweise Käse und Süßigkeiten verschlang. Manche Leute versuchten auch, eine psychologische Erklärung für diesen Heißhunger zu finden, indem sie sagten, Maria habe so viel gegessen, um den Mangel an Zuneigung zu kompensieren; für den Ehemann war das natürlich pure Phantasie.

Meneghini zufolge war Maria nicht dick, weil sie so hemmungslos aß, sondern weil sie unter einer Dysfunktion der Drüsen litt. Sie selbst präzisierte die Geschichte mit ihrem Gewicht in einigen Punkten, als sie sich gegen das

Abzunehmen, bestätigt Meneghini, sei für die Callas immer ein quälendes Problem gewesen, die als eine intelligente, stolze Frau Schönheit und Eleganz über alles liebte. Mit einer derart plumpen Figur bestraft zu sein, die ihr verbot, schöne Kleider zu tragen und die Jugend und den Ruf, den sie sich als Sängerin erworben hatte, voll auszukosten, war ungeheuer schmerzlich für sie. Trotz aller Versuche abzunehmen, hatte sie nie einen sichtbaren Erfolg erzielt.

wehrte, was in der Times in den 50er Jahren darüber behauptet worden war. Als sie 1937 Amerika verließ, um mit ihrer Mutter nach Griechenland zu gehen, war sie noch sehr dünn. Erst in Athen nahm sie zu, nachdem sie wegen einer nicht hinreichend behandelten Drüsenerkrankung eine Kur mit geschlagenen Eiern gemacht hatte. Sie nahm selbst dann zu, wenn sie nur sehr wenig zu sich nahm. Maria selbst schrieb: »Ich erinnere mich, dass mir meine Mutter auf der Treppe nachlief, weil ich morgens oft das Haus verließ, ohne auch nur einen Tee getrunken zu haben.«

Das Gewichtsproblem

Als sie 1945 nach Amerika zurückkehrte, machte sie eine Abmagerungskur. »Ich hatte«, so liest man in ihren Notizen, »mein Gewicht von 218 Pfund auf 179 Pfund reduziert, also von etwa 100 Kilo auf etwa 80. Kaum in Italien angekommen, ging mein Gewicht auf 75 Kilo zurück. Dieses Gewicht hatte ich, als ich die *Turandot* und im *Tristan* in Venedig und die *Norma* in Florenz sang. Nach einer Blinddarmoperation, Ende 1948,

> *Elvira de Hidalgo, als sie Maria Callas erstmals sah: »Einfach lächerlich, dass so ein Mädchen Sängerin werden will.«*

habe ich wieder 10 Kilo zugenommen. In den Jahren 1950 und 1951 habe ich dann ständig weiter sehr stark zugenommen.« Maria war dreißig Jahre alt, als ihr die Metamorphose doch noch gelang.

Das Vorbild Hepburn

Außer dem Diktat von Visconti und der Forderung von Biki (ihrer Couturière und Beraterin), deren Wünsche einen großen Einfluss auf sie hatten, bestärkte ein weiterer Punkt ihr großes Bedürfnis, wie ein Fotomodell auszusehen; das war, als sie die bezaubernde Audrey Hepburn in den Filmen *Sabrina* und *Ein Herz und eine Krone* bewunderte.

»Ihr möchte ich ähnlich werden«, sagte sie sich selbst mit aller Bestimmtheit. Vergleicht man die Bilder von der unverwechselbaren Schauspielerin mit denen der Callas nach ihrer Abmagerungskur, so ist das Resultat verblüffend: Dank eines perfekten Augen-Make-ups und einer Ponyfrisur à la Hepburn gab es in der Tat eine große Ähnlichkeit zwischen den beiden.

Die Geschichte, dass ein berühmter Arzt aus der Schweiz ihr geraten habe, sich einen Bandwurm zuzulegen und Maria zugestimmt habe, sich den zu Gewichtsverlust führenden Parasiten mit einem Glas Champagner einzuverleiben, ist reine Legende, die aber dennoch in vielen Zeitschriften kolportiert wird und die Maria selbst nie ganz dementierte.

Verhängnisvolle Leidenschaft

Tatsächlich war in den frühen 50er Jahren ein einzelnes Wurmexemplar in ihren Körper geraten, aber allein wegen ihrer Leidenschaft für rohes Fleisch, das sie in großen Mengen aß, vielleicht aber auch durch eine Scheibe Salami, die sie gegessen hatte, denn von dieser Wurst gestattete sie sich gern das eine oder andere Scheibchen.

Während dieser Parasit bei den meisten Menschen zu Gewichtsverlust führt, bewirkte er bei der Callas genau das Gegenteil. Ein langes Segment des Bandwurms wurde sie eines schönen Morgens auf natürlichem Weg los, um den Rest kümmerte sich ihr Leibarzt Gerardo De Marco, der mit einer energischen Kur dafür sorgte, dass der unerwünschte Gast eliminiert wurde. Erst danach verwandelte Maria sich in eine andere Frau, sie wurde lebhafter und ungezwungener, aber das Zuviel an Kilos war immer noch unübersehbar.

Eine gefährliche Kur

An diesem Punkt kam nun tatsächlich ein Schweizer Arzt ins Spiel, der eine ziemlich gefährliche Kur vorschlug, die Maria offenbar gegen die Einwände des Ehemanns und ihrer Ärzte in Mailand in Angriff nahm und die schließlich zum gewünschten Resultat führte. Verraten hat mir das »Geheimnis«, das ich bereits 1997 in meinem Buch »Giovane Callas« veröffentlichte, Pia Meneghini, die Schwägerin der Callas und viele Jahre lang (1947–1954) ihre gute Freundin und zugleich eine treue Beraterin.

Maria Callas und der italienische Schauspieler Walter Chiari, 1955

Der von Pia Meneghini selbst nie veröffentlichten Aussage zufolge, der man aber zweifellos vertrauen darf, nahm die Callas Ende 1953 sehr hohe Dosen eines getrockneten Schilddrüsenextrakts sowie Hormone ein, die den gesamten Stoffwechsel stark beschleunigten, wodurch sie in sehr kurzer Zeit große Mengen überschüssiges Fett verbrannte. Voller Ungeduld, so rasch wie möglich ihr Traumgewicht zu erreichen, ließ sich Maria kleine Mengen Jod direkt in die Schilddrüse injizieren, obgleich ihr Schwager (Professor Cazzarolli, zugleich auch ihr Trauzeuge) sie eindringlich davor warnte.
Es war eine gefährliche Stoßtherapie, die ihr zwar die erhoffte Traumfigur verschaffte, aber auch ihren gesamten Stoffwechsel veränderte, in das Nervensystem eingriff und die sich höchstwahrscheinlich auch schädlich auf ihre Stimme auswirkte. Eine solche Kur ist obendrein sehr gefährlich für das Herz-Kreislauf-System und darf nur unter strengster Aufsicht durchgeführt werden: Der Patient, der sich ihr unterzieht, bringt sein Leben in ernste Gefahr.

Mailand – neues Domizil

Maria ließ Verona für immer hinter sich und zog wegen ihrer vielen Verpflichtungen an der Scala mit ihrem Mann nach Mailand. Der Schweizer Arzt und zwei Krankenschwestern aus Mailand waren ständig bei ihr und beobachteten sie während der gefährlichen Therapie, um das Schlimmste verhindern zu können und um die Nebenwirkungen so gering wie möglich zu halten. Inzwischen hatte die Callas bereits eine Figur wie ein Mannequin, auch weil sie sich zusätzlich Massagen geben ließ, was sie den Rest ihres Lebens hindurch beibehielt.
Menschen, die ihr sehr nahe standen, bestätigen die Leidenschaft der Callas für Kochrezepte. Giulietta Simionato, vielleicht ihre engste Vertraute, die zugleich viele Jahre lang auf den wichtigsten Opernbühnen der Welt auch ihre sensibel auf sie eingehende und belastbare Kollegin war, verdanken wir ein bisher unveröffentlichtes, sehr weibliches Bild der Callas.

Giulietta Simionato, Allejo Villegas und Maria Callas, Messico 1950

Wie eine Kollegin sie sah

»Wir kannten uns seit 1948«, so erinnert sich die große Mezzosopranistin, »und waren uns sofort sympathisch; wir passten gut zusammen und lachten viel miteinander. Die Maria, die ich gekannt habe, war von einer bestürzenden Naivität und Arglosigkeit und eine verletzliche und zerbrechliche Frau. Um sich vor sich selbst zu schützen, hat sich bei

Maria Callas machte sich auch lustig über ihren Ruhm: »Ich würde keine 200 Lire dafür geben, um mich singen zu hören« sagte sie einmal zu Giulietta Simionato.

ihr ein nicht unkomplizierter Charakter entwickelt. Das Bild, das sich deshalb die Welt von ihr gemacht hat, war das einer rigorosen und harten Person, doch wer weiß, ob nicht gerade das tödlich war für ihr Herz, das so hart geprüft wurde.«
»1950« (hier wird noch einmal Giulietta Simionato zitiert) »waren wir in Mexiko-Stadt, und ich erinnere mich an ihre Manie, Kochrezepte aus den amerikanischen Zeitschriften auszuschneiden, weil sie für ihren Titta (ihren Ehemann) unbedingt eine gute

Köchin werden wollte, oder weil ihre Küche in Verona so schön war, dass sie darin unbedingt gut kochen wollte. Dann vertraute sie mir an, dass sie eigentlich quasi aus Versehen Künstlerin geworden sei, denn eigentlich fühle sie sich ganz und gar als Hausfrau! Aber wenn sie nur aus Versehen Künstlerin war, dann waren wir das alle ...«

Elena Pozzan, ihre Köchin und Vertraute: »Morgens nahm sie nur eine kleine Tasse schwarzen Kaffee und einen trockenen Zwieback. Insgesamt war sie äußerst zurückhaltend.«

Doch es gibt noch weitere wertvolle und bisher unveröffentlichte Erinnerungen, die ich sorgsam zusammengetragen habe und die mir zwei Menschen anvertrauten, die jahrelang für die Göttliche in der Küche standen: die bereits erwähnte Köchin Elena Pozzan und der Hausdiener Ferruccio Mezzadri, der bis zu ihrem Todestag 1977 in Paris bei ihr blieb und in den letzten Jahren eine fast familiäre Beziehung zu ihr hatte.

Erinnerungen von Vertrauten

»Die Diäten, denen sich die Signora unterzog, waren erbarmungslos streng, und nur ganz selten gestattete sie sich eine Ausnahme«, berichtete mir Elena Pozzan. »Um Kraft zu gewinnen, besonders wenn sie singen musste, aß sie rohes Fleisch oder auch rohe Leber, die sie nur mit einigen Tropfen besten Öls zu Brei zerstampfte. Sie nahm dann einen Löffel, um das so zubereitete Fleisch zu essen; manchmal mochte sie auch ein wenig mageren Fisch, und sie liebte Gemüse, wobei sie vor allem für grüne Bohnen und Spinat eine Vorliebe hatte. Die Essen, die sie für ihre Gäste zubereiten ließ, waren immer einfach: eine Vorspeise und ein Hauptgericht, und niemals durfte ein hausgemachtes Dessert fehlen.

Risotti und Salami

Eine ganz besondere Vorliebe hatte sie für Risotti: Oft ordnete sie an, dass für ihre Freunde Risotto mit Pilzen gekocht werden sollte, der – in der entsprechenden Jahreszeit – mit Trüffeln zubereitet wurde.
Manchmal, wenn wir mit dem Personal zu Tisch saßen, kam sie in die Küche und

Im Gegensatz zu Biki, ihrer Couturière, und Visconti, die sich beide die Callas schlank wünschten, störte ihre Körperfülle weder ihren Mann noch ihren Agenten Bagarozy, und sogar Visconti nannte die Figur der Callas zunächst »herrschaftlich-königlich«.

›klaute‹ sich, wie sie sagte, eine Gabel voll von der Pastasciutta. Dann ging sie schnell wieder weg, um nicht weiter in Versuchung zu geraten. Ihre ganz große Leidenschaft war Speiseeis; mit einem Teelöffelchen probierte sie von allen Sorten. Wir erhielten dann strikte Anweisung, die Eisbehälter wegzubringen, denn sonst hätte sie nicht aufgehört zu probieren ...
Und dann waren da noch die Salamis. Sie liebte es, selbst Scheiben in der von ihr

Maria Callas in der Küche, Verona 1954

gewünschten Dicke abzuschneiden: Sie nahm dann eine Scheibe zwischen Daumen und Zeigefinger, um sie zu essen, nie benutzte sie dafür eine Gabel. ›Wenn dann die Gäste kommen‹, pflegte sie mit einem verschmitzten Lächeln zu sagen, ›dann riechen sie beim Begrüßungskuss den Duft der Salami‹.

Das Leben in Mailand

Und dann die Früchte. Sie liebte Äpfel. Als wir in der Via Buonarotti in Mailand lebten, kam regelmäßig der Gemüsehändler. Dann schnappte sich die Signora einen Apfel direkt aus der Kiste, rieb ihn am Ärmel ihrer Jacke oder an der Schürze des Lieferanten ab und biss sofort gierig hinein.« Bezeichnend ist auch der Bericht, den wir Ferruccio Mezzadri verdanken: »Es war 1957, und ich hatte gerade meinen Militärdienst abgeleistet. Von der Signora Mascagni, der Tochter des berühmten Komponisten, empfohlen, stellte ich mich im Hause Meneghini-Callas vor und wurde sofort als Chauffeur eingestellt. Damals lebte sie noch mit ihrem Mann zusammen. Ich blieb dann bis zu ihrem Tod, dem 16. September 1977, bei ihr in ihrem Haus in Paris.

Strenge Gewohnheiten

Was das Essen betraf, hatte die Signora Callas sehr strenge Gewohnheiten. Morgens bereitete ich ihr oft das Frühstück zu: Eine Tasse Cappuccino mit ›echtem‹ Kaffee, ohne Zucker, zubereitet in der (italienischen) Kaffeemaschine mit vier Gruppen, wie in den Bars. Dazu aß sie ein Brioche ohne Füllung oder allerhöchstens eine Scheibe Toast mit einem Stich Butter und etwas Marmelade. Oft verlangte sie ein halbes Glas frischen Orangensaft oder eine geschälte, in Scheiben geschnittene Grapefruit; sie liebte auch trockene englische Kekse.

Zum Mittagessen servierten wir ihr verschiedene Gemüse, roh oder gekocht, dazu

Grazia Patrizia, Vittorio de Sica und Maria Callas, Sporting Club Montecarlo 1961

etwas Käse, wenn sie kein Fleisch wollte. Das Fleisch war immer ein Steak, manchmal auch ein Kotelett mit viel Gemüse. Das Menü war immer italienisch, sehr schlicht, und endete stets mit einer Eiscreme (Erdbeer-Vanille-Schokolade) oder mit einer Süßspeise, für die sie unzählige Rezepte hatte.

Wenn sie zusammen mit Signor Onassis Gäste im Hause des Reeders hatte, war das Menü häufig auch griechisch. Die Zutaten dafür wurden direkt per Flugzeug aus Athen eingeflogen, denn in Italien war es schwierig, die erforderlichen typischen Produkte in der gewünschten Frische und Güte zu bekommen.

Oft fragte sie ihre Gäste vorher, was sie gern essen würden. Die Prinzessin Grazia von Monaco, die häufig in Begleitung ihres Ehemanns, Fürst Rainier, zu Besuch war, erbat sich beispielsweise meist Spaghetti alla Bolognese oder ein herzhaftes Soufflé. Oder auch Ossobuco con Risotto alla Milanese oder einfach nur Safranreis mit Kalbsbries.«

Den Rezepten auf der Spur

In Verona habe ich lange gesucht, um das Geheimnis der drei bereits erwähnten Rezepte zu »entdecken«, an die sich der Ehemann G. B. Meneghini erinnerte (Lesso con la Peará, Anatra fredda con polenta calda und Baccalà alla Veronese) und die Zubereitung dieser Gerichte so getreu wie möglich zu rekonstruieren. Bei diesem schwierigen Unterfangen hatte ich großes Glück, obwohl ich mit Pia Meneghini darüber nicht mehr sprechen konnte, die schon vor einigen Jahren gestorben ist.

Das Restaurant Pedavena, in dem die Callas und ihr Ehemann oft verkehrten, existiert nicht mehr. Ebenso das Tre Corone an der Piazza Brà, wo sich das Paar oft einfand, besonders nach den Aufführungen in der Arena; dieses Restaurant ist heute die Trattoria di Giovanni Rana.

Der alte Koch Felice und Albino, der Maître de Salle des Restaurants Pedavena, das es nicht mehr gibt, waren nicht mehr ausfindig zu machen. Signora Silvia Pomari aber, eine Nachfahrin der Familie, die im Hotel Accademia die blutjunge Maria wie eine Tochter aufnahm, als sie 1947 nach Verona kam, um dort in der Arena ihr Debüt zu geben, war eine wertvolle Hilfe. Sie brachte mich mit Giorgio Gioco in Kontakt, Inhaber des »12 Apostoli«, einem Restaurant von internationalem Ruf und Sitz der Accademia della Cucina, bei dem Meneghini und seine illustre Gattin häufig Gäste waren.

Signor Gioco kennt die drei Gerichte, deren Rezepte ich suchte, sehr gut und hat sie oft, ebenso wie andere von dem Paar geschätzte Spezialitäten des Hauses, für die beiden zubereitet. Giorgio Gioco ist schon seit 1930 im Hause »12 Apostoli«; damals war er erst sechs Jahre alt, zeigte aber schon zu der Zeit, dass er sehr gut in der Lage sein würde, die Familientradition fortzusetzen. Heute ist er über 80 Jahre alt; ein überaus sympathischer, kultivierter Mann. Als Wahrer seiner Leidenschaft für die Kochkunst hat er darüber bereits einige Bücher verfasst. »Ein Gericht aus der Erinnerung zuzubereiten ist so, wie wenn man die Augen schließt und den Duft einer Frau einatmet. Ich koche, also bin ich …«

»… Sie hatte eine unverwechselbare Art sich zu bewegen und zu kleiden, das traf auch für die sehr schlichten oder manchmal etwas komischen Kleider zu, die sie trug. Man musste sie einfach nach ihrer ganz persönlichen ›Haltung‹ beurteilen, die sie von Anderen unterschied, trotz des Übergewichts und der zweifellos etwas plumpen Figur …« erzählte mir Giorgio Gioco.

Schwer zufriedenzustellen

Signor Gioco erinnert sich sehr gut an die Callas. »Zunächst«, so sagte er, »war sie leider nicht sehr elegant (nach ihrer Zeit in Verona hätte sie die großen Modeschöpfer ausfindig machen und aufsuchen sollen). Sie hatte die Augen und die Krallen eines Adlers und die innere Kraft eines Raubtiers –, die anderen Gäste, die sich im Speisesaal aufhielten, waren fasziniert von ihr; außerdem war sie 1950/51 schon berühmt. Wenn sie ins Restaurant kam, sagten die Kellner: ›La xe qua, attenti che la morsega – da ist sie, mal seh'n, was sie kauen wird‹. Es war alles andere als leicht, sie zu ihrer Zufriedenheit zu bedienen. Ihr damaliger Ehemann war ihr gegenüber sehr nachgiebig und half ihr bei vielem. Mit viel Diplomatie versuchte er sie zu beruhigen, wenn sie bestimmte Charaktereigenschaften zeigte. Aber er war ihr auch ergeben und stand ein wenig unter dem Pantoffel. Bis heute hat sich das Mysterium der letzten Noten der Callas erhalten; wenn sie eine Romanze beendete und nur ein Klang blieb, der wie ein Rätsel in der Musik ist. Die Phantasie darf wandern …«

Maria Callas als »Medea«, Scala Mailand 1953

Die Freundin Nela Rubinstein

Nela Rubinstein, die Gattin des sehr gefeierten Pianisten Arthur Rubinstein, lebte in der Nähe von Maria Callas in der Avenue Foch in Paris und war eine Freundin und Beraterin der Sängerin, auch in kulinarischen Dingen. Nela war eine erfahrene Köchin, sie kannte sich so gut aus, dass sie in den 1970er Jahren sogar ein erfolgreiches Kochbuch publizieren konnte.

Elsa Maxwells Empfang

Von dem Abend im Hotel Danieli am 3. September 1957, an dem sich die Ehepaare Rubinstein und Meneghini-Callas kennenlernten, besitze ich eine der wenigen französischen Menükarten. Unnötig zu sagen, dass dieses Menü von der Primadonna sehr geschätzt wurde. Es gab: Consommé gelé en Tasse; Scampi Flamingo, Riz Oriental; Poulet en Cocotte Soumaroff, Légumes de Saison; Soufflé glacé à l'Aurum, Fraises de Bois, Friandises; Café.

Ende 1958 traf die Callas Aristoteles Onassis erneut, bei einem Fest, das die Nichte von Arturo Toscanini veranstaltete. Bei dieser Gelegenheit wiederholte Onassis seine Einladung zu einer Kreuzfahrt auf der Christina. Die Yacht sollte in Venedig ablegen, zu den übrigen Gästen zählten auch Winston Churchill, Gianni Agnelli und viele andere Berühmtheiten dieser Welt.

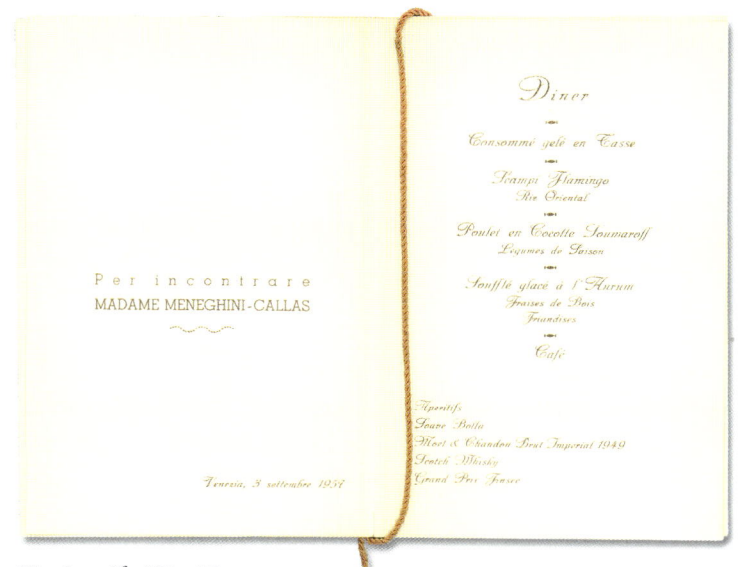

Menükarte Hotel Danieli, 1957

An dem Abend im Hotel Danieli wurden außer den Aperitifs, als Hommage an die ursprüngliche Wohnstadt der Callas, ein weißer Soave Bolla aus der Gegend von Verona gereicht, außerdem der unverzichtbare Moet & Chandon Brut Imperial 1949, und zum Abschluss Scotch Whisky und Grand Prix Finsec.

Eine neue Rolle: Star in der High Society

Vielleicht wurde sich die erlauchte Sopranistin nun auch darüber klar, dass sie sich nicht länger mit der Rolle als Königin der Mailänder Salons begnügen, sondern zusätzlich eine Rolle in der internationalen High Society spielen sollte, wie es sich für die bedeutendste Sängerin der Welt geziemte.

Bei dem Gespräch mit Nela Rubinstein an jenem Abend stellte sich heraus, dass sie in Paris in der Avenue Foch gleichsam Nachbarn waren und dass sie die Leidenschaft für das Kochen miteinander teilten. Die zwei Damen verabredeten sich zu einem Treffen in Paris, um Rezepte austauschen zu können.

Nelas Cookbook

Maria lernte viel am Herd von Nela Rubinstein, deren Stil eine Mischung aus traditioneller polnischer Küche und der feineren Küchen Spaniens, Frankreichs und, vor allem, Amerikas war.

Nela Rubinstein: »Etwas Gutes für meine Kinder zu kochen, für die Familie und Freunde, empfand ich auch immer als eine Möglichkeit, ihnen meine Zuneigung zu zeigen.«

»Als anerkannter Gourmet kannte mein Mann die besten Restaurants der Welt«, berichtet die Gattin von Arthur Rubinstein im Vorwort von Nelas Cookbook, die selbst auf nahezu 50 Jahre Küchenerfahrung zurückblicken konnte, »und so entdeckte ich bei mir ein weiteres Talent: Ich hatte nicht nur ein

Ohr für die Musik, sondern besaß auch die Fähigkeit, die Zutaten und vor allem die Gewürze der raffiniertesten Gerichte einzeln herauszuschmecken. Ich forderte mich selbst heraus, die Gerichte zu Hause nachzukochen, ohne vorher nach den Rezepten gefragt zu haben: Wenn mir das gelang, war ich sehr stolz und zufrieden. Das gab mir das Selbstvertrauen, Zutaten hinzuzufügen, die Rezepte zu ändern, zu improvisieren und selbst Neues zu kreieren!«

Maxwell, Harry's Bar und Pasolini

1957, das Jahr, in dem Elsa Maxwell den weltbekannten Empfang im Hotel Danieli zu ihren Ehren organisierte, wurde die Callas in Harry's Bar zusammen mit der berühmt-berüchtigten »Klatschkolumnistin aus Hollywood« und anderen Persönlichkeiten des internationalen Jetsets in der unverwechselbaren Atmosphäre der »wilden Sechziger Jahre« fotografiert, die Arrigo Cipriani in seinem Vorwort zu diesem Buch so lebensnah wiedererstehen lässt.

In den 60er Jahren besuchte sie Harry's Bar auch oft mit Pier Paolo Pasolini. Mit dem großen Regisseur verband sie eine platonische Liebe, seit sie zusammen den Film *Medea* gemacht hatten.

Verwandte Seelen

Pasolini widmete Maria eine Reihe von Gedichten, und sie antwortete ihm mit leidenschaftlichen Briefen. Es war ein authentisches und einmaliges Zusammentreffen verwandter Seelen, die sich gegenseitig viel geben konnten.

Eines Abends war auch ich bei einem Essen mit der Callas und Pasolini dabei, ebenso ein andermal, als Maria mit Visconti in Harry's Bar speiste: Ich erinnere mich sehr gut, dass sie bei dieser Gelegenheit die gratinierten Tagliolini wählte und, ganz ihrer Diät verpflichtet, das schon mythische Carpaccio.

Die Freundschaft zwischen Pasolini und der Primadonna ging so weit, dass sie einmal nach Venedig kam, um sich mit dem umstrittenen Intellektuellen zu solidarisieren, gegen den während des Festivals am Lido von der Presse polemische Attacken geritten wurden.

Zahlreich sind die Aussagen großer Persönlichkeiten über Harry's Bar: Baron Philippe de Rothschild wurde einmal bei einem Interview für die Zeitschrift »Harper's Bazaar« von einem Journalisten gefragt, welches seiner Ansicht nach das beste Restaurant der Welt sei, worauf er von dem Baron in dessen sprichwörtlich ruhiger Gelassenheit zur Antwort bekam: »Welches das beste Restaurant der Welt ist, kann ich deshalb leider nicht wissen, weil ich sie nicht alle besucht habe. Eines aber kann ich sagen. Es gibt ein Restaurant auf der Welt, in dem ich mich immer wie zu Hause fühlte, und das ist Harry's Bar in Venedig.«

Das Savini in Mailand

Begeben wir uns nach Mailand; hier gibt eine andere berühmte Persönlichkeit, den Schriftsteller Carlo Castelaneta, der folgenden Kommentar über das Restaurant Savini in der Galleria Vittorio Emanuele II. verfasst hat: »Es gibt nicht viele Lokale auf der Welt, in denen sich die Tradition, der gute Geschmack und die Eleganz in so harmonischer Weise verbinden wie im Savini; Lokale, bei

Maria Callas mit Pier Paolo Pasolini in einer römischen Trattoria, 1970

denen es genügt, ihren Namen auszusprechen, um ein Ambiente zu evozieren, eine bestimmte Atmosphäre, das Funkeln der Kristalle, das Aufblitzen eines Spiegels; denn hier werden der Ritus des Eindeckens der Tafel und die hohe Kunst der Küche zum Zeugnis der größeren, allgemeineren Kunst des Lebens. Das Savini ist nicht nur ein großes Restaurant. Das Savini ist Mailand, so wie es auch die Galleria und die Scala sind. Mit seiner Diskretion, mit seinen roten Samtstoffen, dem Rascheln der gedämpften

Mailand Scala, »Il Pirata« mit Ettore Bastianini, 1957/58

Für die Königin der Scala und der Salons von Mailand zur Zeit ihrer dortigen großen Triumphe konnte es keinen passenderen Rahmen geben als das Savini.

Schritte erzeugt das Savini jedesmal wieder denselben Zauber. Zusammen mit seinen großartigen Gerichten, für die es berühmt ist, ist es ihm bestimmt zu überdauern.«

Weltberühmte Gäste

Neben der Callas waren das Luchino Visconti, der Superintendent der Scala, Ghiringhelli, das Fürstenpaar von Monaco und die Begum; sie alle feierten hier die vielbeklatschten Interpretationen der Callas. Unter den Gerichten des Savini bevorzugte Maria vor allem die lombardischen Spezialitäten, die hier in verfeinerter Variante auf den Tisch kamen, wie Risotto al salto und Risotto alla milanese (zu dem sie, wenn sie die Diät brach, auch das Ossobuco genoss) und natürlich das Cotoletta alla milanese. Die Rezepte dieser Gerichte, wie die all der anderen erwähnten Restaurants, werden hier so originalgetreu wie möglich wiedergegeben, was ich der freundlichen Mithilfe des Turin Hotel International und des Geschäftsführers des Savini, Massimo Leimer, verdanke.

In Rom war die Callas im Hotel Quirinale wie zu Hause, Lieblingshotel auch vieler anderer berühmter Opernsänger. Es lag zentral und war durch einen Gang direkt mit dem Opernhaus verbunden. Die großen, mit Möbeln der Zeit ausgestatteten Suiten, die Salons, die sich an die gemütliche Bar anschlossen, das hervorragende Restaurant, das sich im Sommer zu einem paradiesischen Garten hin öffnete, machten und machen das Quirinale zu einem imperialen Bau von

Nach Marinetti und Toscanini war Maria Callas ein gern gesehener Gast in diesem berühmten Restaurant in der Nähe des Doms bei so manchen unvergesslichen Banketts, die nach einem rauschenden Abend an der Scala hier stattfanden und zu denen sich die Crème de la crème der Gesellschaft und der nationalen wie internationalen Kulturszene einfand.

intimer Eleganz. Schon seit 1865 wohnten hier berühmte Komponisten, angefangen bei Verdi und Puccini, denen sich viele Persönlichkeiten der Aristokratie zugesellten.

Skandalöse Ereignisse

Das Quirinale war auch Schauplatz einiger tumultöser Ereignisse, in die Maria Callas verwickelt war: In dem Saal, der sich an die Empfangshalle anschließt, hielt die Sängerin Anfang 1958 die Pressekonferenz ab, nachdem sie ihren Auftritt in *Norma* an der Oper von Rom unterbrochen hatte. Vor Hunderten von Journalisten und Fotografen rechtfertigte sie ihr Verhalten mit dem Hinweis, sie sei indisponiert gewesen. Die

Angelegenheit wurde deshalb als ein von aller Welt wahrgenommener Skandal gewertet, weil gerade bei dieser Aufführung auch der italienische Präsident Giovanni Gronchi im Publikum war und zusammen mit all den anderen illustren Gästen nach dem ersten Akt das Opernhaus verlassen musste, weil die Callas nicht mehr auf die Bühne kam.

Die wegen des abgebrochenen Auftritts in Rom erfolgten Repressalien und Konsequenzen verletzten Maria Callas tief und hinterließen ihre Spuren. Vergeblich versuchte die Sängerin, sich zu rechtfertigen und die Fakten richtigzustellen. Sie schrieb einen Entschuldigungsbrief an den Präsidenten und erhielt zumindest von ihm Absolution.

Römische Spezialitäten

Während der kalten Wintertage frühstückte die Sängerin fast immer in dem Restaurant des Hotels, das sich heute Rossini nennt. Unter den Spezialitäten des Hotel Quirinale bevorzugte sie vor allem typisch römische Spezialitäten, wie das Saltimbocca alla romana.

Maria Callas als »Medea«, Epidaurus 1961

Natürlich besuchte die Callas in der Ewigen Stadt auch andere elegante Restaurants im Zentrum, darunter das Rosetta und die Taverna Giulia. Während der Zeit ihrer engen Verbindung mit Pier Paolo Pasolini (mit dem sie oft in Rom war) scheute sie sich nicht, die einfachen Trattorien und die typischen Lokale in Trastevere zu besuchen, die Pasolini bevorzugte.

Berühmte Bankette auf der Christina

Schon Jahre zuvor hatte sie die renommierte Trattoria Zorzetto in der Via Flavia entdeckt: Nie hätte sie sich träumen lassen, dass sie den hervorragenden Küchenchef Marzio Zorzetto an Bord der Christina wiedertreffen würde. Während eines Besuchs in der italienischen Hauptstadt hatte Onassis dessen Kochkünste schätzen gelernt und ihn überzeugen können, dass er der Richtige sei, auf dem Luxusdampfer die Stelle des ersten Kochs einzunehmen. Zorzetto, der dafür sein Restaurant aufgab, stammte aus San Donà di Piave in Venetien.

Die berühmtesten der Bankette, die an Bord der Christina stattfanden, wurden kulinarisch geprägt von Zorzettos Raffinesse und Phantasie. Nach und nach gelang es ihm, die Ansprüche und Wünsche der Gäste aus aller Welt zu verändern. Zu seinen Spezialitäten gehörten Risotto alle erbe fine (ein Risotto mit feinen Kräutern, nach dem Maria Callas geradezu verrückt war), Filetto della nonna alla grappa (mit dem es ihm gelang, »Titta« Meneghini abzulenken), Scaloppine di vitello con radicchio e rughetta (besonders von Elsa Maxwell geschätzt) und Polenta alla stoccafisso (das, man mag es kaum glauben, von Jacqueline Kennedy regelmäßig geradezu verschlungen wurde). Nach dem Tod von Onassis ging Mario Zorzetto in die Vereinigten Staaten, genauer gesagt, nach Colorado, wo er heute Küchenchef des italienischen Restaurants »Antica Roma« ist.

Eine Besonderheit: In der reich bestückten Bibliothek der Christina befand sich eine von Onassis streng gehütete und voller Stolz präsentierte französische Originalausgabe von Giacomo Casanovas »Histoire de ma vie« – vielleicht beeindruckten ihn die zahlreichen amourösen Abenteuer des Venezianers. Vielleicht glaubte er auch, er könne sich in gewisser Weise diesem Vorbild als Epikuräer, Verführer, Reisender und unermüdlicher Liebhaber annähern. Doch bewunderte Onassis an Casanova auch dessen Unmäßigkeit und Leidenschaft für die gute Küche.

Casanova reiste mit

»Meine Mutter setzte mich am 2. April, am Ostertag des Jahres 1725 in Venedig in die Welt. Sie hatte Verlangen nach Krebsen. Auch mir behagen sie sehr«, beginnt der berühmte Libertin seine Lebensbeschreibung. Die Berichte über seine zahlreichen Eroberungen sind immer auch begleitet von Beschreibungen der köstlichen Speisen und der Aphrodisiaka; als Quelle ewiger Gefühle und Bühne seines Schicksals setzte er die gedeckte Tafel mit all ihren Freuden in gewählten Worten in Szene.

Für Casanova waren die Gaumenfreuden der wichtigste Ausdruck von Erotik, amourösen Erfolg und Potenz. In der »Histoire de ma vie«, der »Geschichte meines Lebens«, wie der deutsche Titel lautet, gesteht Casanova, dass er immer eine Vorliebe für die Genüsse seiner Heimat hatte, und er beschreibt viele Gerichte seiner Zeit und deren Zubereitung, so dass sie zum Glück noch existieren und zur Verfügung stehen.

Aristoteles Onassis, der ein leidenschaftlicher Kaviaresser war, Trüffel und kräftige Käse liebte, deren Gerüche ihn bekanntlich bei seinen galanten Abenteuern begleiteten, ließ viele der Gerichte des geschätzten venezianischen Verführers nachkochen. Seine Gäste und natürlich sehr oft auch Maria Callas, hatten dadurch Gelegenheit, diese alten Rezepte zu probieren, die immer anregend und köstlich waren. Darunter zum Beispiel Crema di formaggio ai tartufi bianchi (Käsecreme mit weißen Trüffeln) und Ostriche in pastella (Austern im Teigmantel).

Wer weiß, ob der als »Visionär« bekannte Fürst Karl III. von Monaco 1864 wohl auch schon voraussah, dass ein ganz besonderes Hotel gebaut werden würde, das etwa ein Jahrhundert später das Grandhotel und Symbol von Monte Carlo werden sollte; mit seinem Prunk und Pomp bis heute der Treffpunkt der Reichen und Schönen. Diese Besonderheit hat einen Namen, in goldenen Lettern eingraviert in schwarzen Marmor: »Hôtel de Paris«. Konzipiert, um jede nur denkbare Bequemlichkeit und Raffinesse zu ermöglichen, repräsentiert das Hôtel de Paris auch heute noch den Glanz vergangener Zeiten. Ein festlicher Rahmen für den strahlenden, legendären Luxus jener Belle Epoque.

Das Lieblingsrestaurant Le Louis XV

Eine ideale Atmosphäre also für Maria Callas in den Tagen ihrer triumphalen Karriere, als die Diva zusammen mit Onassis an Bord der Christina nach Monaco zu kommen pflegte. In unmittelbarer Nähe des Luxushotels, in dem die Callas unzählige Male residierte, befand sich eines der Lieblingsrestaurants der Sopranistin: das sehr berühmte Le Louis XV. Man musste viele Tage im Voraus buchen, wenn man einen halbwegs schönen Tisch bekommen wollte, im Sommer natürlich vorzugsweise auf der Terrasse mit dem herrlichen Blick auf die Place du Casino.

Derzeitiger Chef ist der gefeierte Alain Ducasse (der auch für das Plaza Athénée in Paris und das Essex House in New York ver-

Maria Callas und Onassis im Le Louis XV, Montecarlo

antwortlich zeichnete), doch das Le Louis XV. war schon zu Zeiten der Callas eines der mit Preisen und Auszeichnungen überhäuften Häuser der absoluten Spitzenklasse.

Delikatessen von der Riviera

Bereits in den sechziger Jahren konnte man hier die feinsten Delikatessen von der Riviera genießen, und das Paar Callas-Onassis gehörte zu den häufigsten Gästen, ohne dabei andere Lokalitäten zu vernachlässigen, wie etwa das Le Grill im achten Stock des Hôtel de Paris, von dem aus man einen herrlichen Ausblick auf den Sternenhimmel hatte, oder das Côté Jardin. Gelegentlich stieg die Callas, wenn sie in Monte Carlo weilte, auch im Hôtel Hermitage ab, heute noch im Besitz der Société des Bains de Mer, und sie wurde auch oft auf der Aussichtsterrasse des Le Vistamar gesehen, das über die Klippen gebaut worden war. Oft hielt sich die Diva in der begehrtesten Nobelherberge der Côte d'Azur auf, und auch nach dem Ende ihrer Beziehung mit dem griechischen Reeder und blieb das Le Louis XV. ihr Lieblingslokal. Dort begann sie meist mit Austern und Champagner und ihr liebstes Fischgericht war l'Aspic d'ecrevisses (Krebse in Gelee).

Die Beziehung zum Fürstenpalast der Grimaldis, insbesondere zu Fürstin Grazia, war anfangs eher distanziert. Vielleicht lag das daran, dass Onassis praktisch die Kontrolle über alle Unternehmen der Société des Bains de Mer und andere wichtige Aktivitäten des Fürstentums hatte.

Die Gegenwart Marias bei den prunkvollen Empfängen im Sporting Club oder den exklusiven Diners benutzte Onassis vor allem, um sich selbst aufzuwerten und zu beeindrucken; sicher war auch dadurch zwischen den beiden großen Damen, der Divina und der Fürstin, eine Art Rivalität entstanden. Im Laufe der Jahre aber kamen sich die Callas und Fürstin Grazia jedoch näher, denn Grazia schätzte die Diva als Sängerin ebenso wie als Frau. In den letzten Jahren ihres Lebens wurde sie eine gute Freundin Marias. Fast jeden Abend führten die beiden Damen lange Telefongespräche, und Grazia besuchte die Callas auch oft in Paris.

Chez Maxim's

Der Lieblingstreffpunkt der Operndiva in der französischen Kapitale war das legendäre Chez Maxim's in der Rue Royal 3, das heute im Besitz des Modezaren Pierre Cardin ist und in Peking, Shanghai, Mexiko-Stadt und New York Filialen hat, die vor allem Touristen anlocken sollen. Ganz anders die Atmosphäre in der legendären Lokalität im 8. Arrondissement zu jener Zeit, als Maria Callas und die feinste internationale Klientel hier Stammgäste waren.

Seit etwas mehr als einem Jahrhundert ist das Chez Maxim's das Symbol einer ganz besonderen, typisch pariserischen Lebensart, mit einem Hauch von Frivolität, haarscharf an der Grenze zum Ordinären, dennoch hatte alles Klasse. Schon im Mai 1893, am Tag des Prix de Diane, war es der Treffpunkt der gut-

Maria Callas in Paris, 1976

situierten Jugend von Paris; dann wurde es der Ort der mondänen Welt und niemand, der sich dazu zählen wollte, durfte es versäumen, hier einzukehren: Zu Beginn der Belle Epoque zeigten sich die gekrönten Häupter Europas hier mit ihren Kurtisanen, aber auch Künstler und Literaten der Zeit fanden sich hier ein. Bis heute setzt sich die Liste der illustren Gäste fort, zu denen Josephine Baker und Jean Cocteau ebenso gehörten wie in jüngerer Zeit Catherine Deneuve, Jean Paul Belmondo und Alain Delon. Man sitzt bei Kerzenlicht zwischen Wänden, die mit rotem Damast tapeziert sind und drückt angesichts der Rechnungen beide Augen zu.

Maria Callas und Onassis im Maxim's, Paris

Lieblingsgerichte

Maria schätzte hier vor allem die Austern, auch Seezungenfilet, Hummer und ebenso die ganz besonders exquisite Schokoladentorte, von der sie sich natürlich nur kleinste Proben gönnte. Das Rezept, nach dem die Callas schon in den fünfziger Jahren fragte und das sie sich notierte, war das für die l'Escargots à la provençale (Weinbergschnecken nach provenzalischer Art).

Seit ihrem berühmten Auftritt 1958 bei »Une nuit à l'opéra«, ihrem Debüt in der französischen Hauptstadt, war sie Gast im Chez Maxim's und immer wieder kam sie hierher, meist in Begleitung weltberühmter Größen, allen voran natürlich Onassis.

Unvergessen bleibt der Besuch Maria Callas' im Chez Maxim's an einem Abend im Herbst 1968, nachdem sie tags zuvor durch die Fernsehnachrichten von der Hochzeit des griechischen Reeders mit Jacqueline Kennedy erfahren hatte.

Vielleicht war es der schmerzlichste Moment ihres Lebens, doch Maria entschied sich dafür, sich diese furchtbare Niederlage durch die Heirat Onassis' mit Jacqueline Kennedy nicht anmerken zu lassen: Am Nachmittag ging sie zu dem berühmten Coiffeur Alexandre, dem sie vertraute und den sie bat, sie schöner zu machen denn je. Am Abend erschien sie in einer hocheleganten Robe und mit ausgesuchten Juwelen im Chez Maxim's, wo sie bereits von einer Unmenge von Fotografen erwartet wurde.

Dies alles gehörte also zu der überraschenden gastronomischen Welt der Maria Callas: Eine große, bis heute unbekannte Passion, die ich aber nun entdeckt und bis ins kleinste Detail erforscht habe und auf den folgenden Seiten mit all ihren Lieblingsrezepten präsentieren kann.

Eine Frau, eine Stimme, ein Mythos

Das ist Maria Callas, aber auch – zumindest in den frühen Jahren – eine tüchtige Esserin (in den Anfangsjahren ihrer Karriere liebte sie, wie erwähnt, schmackhafte, gehaltvolle Gerichte und dachte gar nicht daran, Diät zu halten) und eine heimliche Köchin. Und vor allen Dingen immer auch eine perfekte Hausherrin, die in ihrer großartig ausgestatteten Residenz in Paris in der Avenue Mandel ihre Gäste herzlich empfing und vorzüglich bewirtete, was bei allen Freunden die angenehmsten und erfreulichsten Erinnerungen, auch an kulinarische Höhepunkte, zurückließ.

Ihr Leben in Ita

*Maria Callas mit Luchino Visconti und Elsa Maxwell
bei den Filmfestspielen in Venedig, 1957*

Carpaccio und mehr

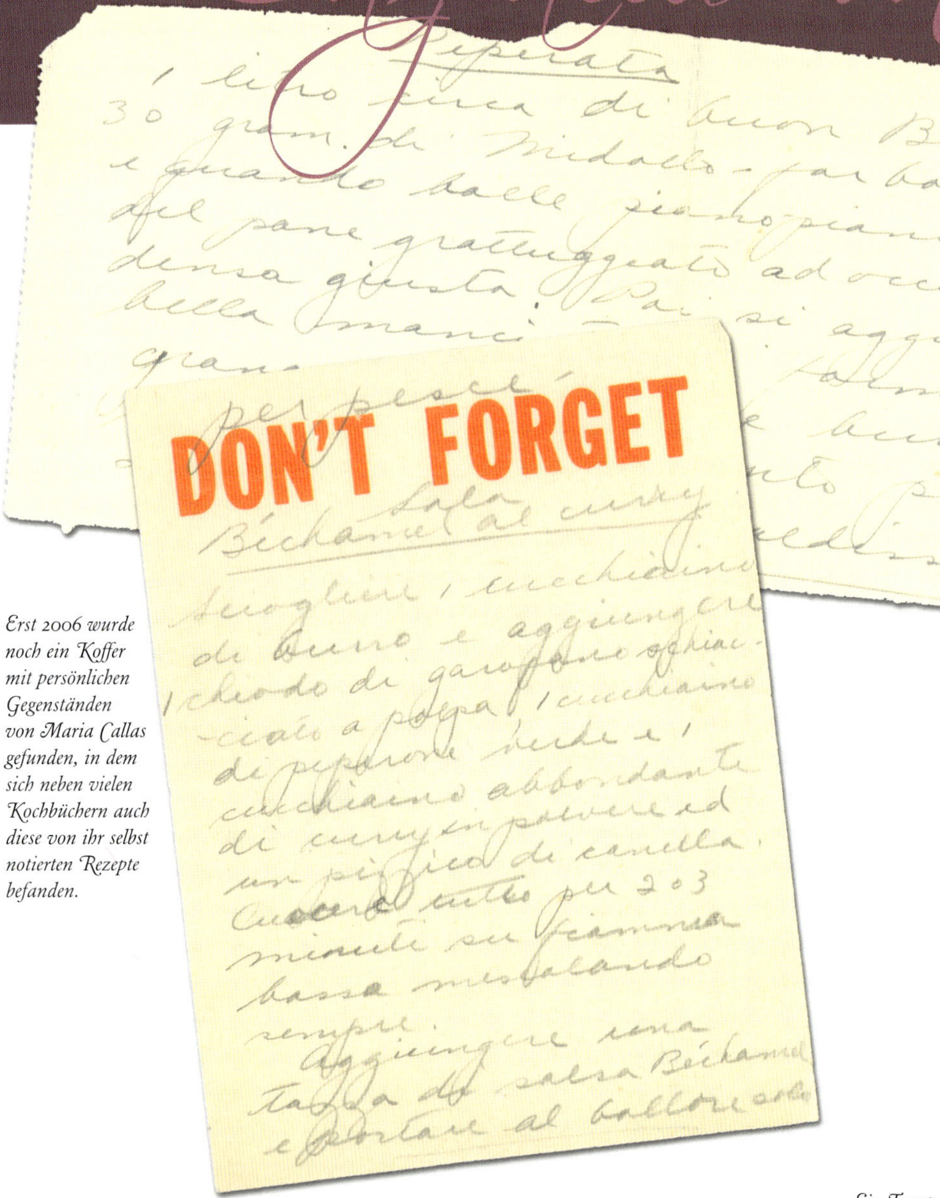

Erst 2006 wurde noch ein Koffer mit persönlichen Gegenständen von Maria Callas gefunden, in dem sich neben vielen Kochbüchern auch diese von ihr selbst notierten Rezepte befanden.

Maria Callas am Strand des Lidos von Venedig, 1954

Mit Elsa Maxwell in Harry's Bar, Venedig 1957

Ein Fenster der berühmten Harry's Bar in Venedig

Am 19. Januar 1949, nachdem sie gerade elf Tage vorher zum ersten Mal die *Brünnhilde* in *Die Walküre* gesungen hatte, springt Maria Callas auf Drängen des Dirigenten Tullio Serafin für die indisponierte Margherita Carosio als *Elvira* in *I Puritani* am La Fenice in Venedig ein. Dies ist nun endlich der Wendepunkt und der Start ihrer steilen Karriere.

Dass sie unvergesslich ist und das auch bleiben wird, beweist, dass die Ponte della Fenice in Venedig im Zuge einer feierlichen Zeremonie endlich in Ponte Maria Callas umbenannt worden ist, nachdem von der Associazione Maria Callas an ihrem offiziellen Sitz in Venedig (www.callas.it) mehr als 100 000 Unterschriften dafür gesammelt worden waren. Patronin der Zeremonie war die 95-jährige Giulietta Simionato, die 1950 zusammen mit der Callas in der Scala in Mailand einen denkwürdigen Auftritt in Donizettis *Anna Bolena* hatte.

Baron Philippe de Rothschild sagte zu Harry's Bar: »Es ist das Restaurant auf der Welt, in dem ich mich immer wie zu Hause fühle«.

Hier kommt auch Arrigo Cipriani zu Wort, der berühmte Chef von Harry's Bar in Venedig, dessen eigener Name so bekannt ist wie der seines Restaurants. Maria Callas kannte und liebte diese Lokalität seit ihrem ersten Besuch in Venedig 1947, den sie in Begleitung ihres Ehemanns Giovanni Battista Meneghini gemacht hatte. Zu besonderen Anlässen oder wichtige Gäste lud sie in dieses Lokal ein.

In jeder Saison zwischen 1947 und 1954 sang Maria Callas im Teatro La Fenice in Venedig; es war jedesmal ein großer Erfolg, besonders, wenn es sich um Debüts und Premieren handelte, wie es 1949 mit den bereits erwähnten *I Puritani* von Vincenzo Bellini der Fall war, wo sie sich durch ihre dramatische Ausdruckskraft als neuer Typ des Soprans präsentierte.

Dieses Buch zeigt die Diva von einer ganz anderen, sehr viel privateren Seite, als sie bisher bekannt war. Denn ihr Privatleben versuchte sie so gut wie möglich zu verbergen und behauptete auch Freunden oder Journalisten gegenüber: »Die wahre Callas kennt niemand.« Was sie gerne aß und sich auch oft notierte, vor allem in den berühmten Restaurants von Venedig und Verona, die es wie Harry's Bar oder die »12 Apostoli« heute noch gibt, ist nachstehend zu finden. Da die damalige Art zu Kochen heute recht merkwürdig anmutet, wurden die authentischen Rezepte an die heutige Zeit adaptiert.

Die »Göttliche« war auch im Sommer oft in der Lagunenstadt. Sie verbrachte dann ihre Ferien am Meer und residierte im Hotel Des Bains am Lido, oft war sie auch Gast der internationalen Filmfestspiele, wo sich die »Ersten« der Branche trafen und ihre neuesten Werke präsentierten; sie schätzte vor allem die Filme von Luchino Visconti.

Maria war häufig zusammen mit Amalia Nani Mocenigo zu Gast in Harry's Bar. Diese adlige Venezianerin war eine gute Freundin von Giuseppe Cipriani, dem historischen Gründer des Restaurants in der Nähe des Markusplatzes. Später besuchte sie dieses Lokal oft gemeinsam mit der Gräfin Natalie Volpi di Misurata. Maria Callas wählte meist, ganz ihrer Diät verpflichtet, das schon mythische Carpaccio.

Carpaccio

Das Carpaccio ist wohl das bekannteste Gericht, das in Harry's Bar serviert wird. Seinen Namen verdankt es dem gefeierten venezianischen Renaissancemaler Vittore Carpaccio, der für seine brillanten Rot- und Weißtöne in der Malerei bekannt ist. Mein Vater kreierte dieses Gericht 1950, im Jahr der großen Carpaccio-Ausstellung in Venedig. Dazu inspiriert hat ihn Contessa Amalia Nani Mocenigo, die häufig Gast in Harry's Bar war. Ihr war vom Arzt verboten worden, gekochtes Fleisch zu essen.

Über das Carpaccio existieren sicher mehr als tausendundeine Rezeptversion – eine für jedes Restaurant der Welt ... Das einzig echte Carpacciorezept ist aber das meines Vaters. Es besteht nur aus sehr fein geschnittenen Fleischscheiben, die auf einem Teller angerichtet werden und einer Sauce, die wir »Universalsauce« nennen. Diese wird kunstvoll »alla Kandinsky« über das Fleisch geträufelt.

Wir verwenden Roastbeef für das Carpaccio, da es einen kräftigeren Geschmack hat als das Filet.

Arrigo Cipriani

Carpaccio
Carpaccio

650 g Roastbeef (Lende) vom Rind
Salz

Für 6 Personen

1. Das Roastbeef gründlich von Fett und Sehnen befreien, sodass ein zylinderförmiges Stück entsteht. Das Fleisch im Tiefkühlfach etwa 30 Minuten anfrieren lassen.

2. Anschließend mit einem sehr scharfen Messer in feine Scheiben schneiden. Diese auf sechs Tellern fächerförmig so verteilen, dass sie gleichmäßig mit den Fleischscheiben bedeckt sind. Leicht salzen und die Teller etwa 5 Minuten in den Gefrierschrank stellen.

3. Kurz vor dem Servieren die Sauce mit einem Löffel fadenförmig über dem Fleisch verteilen – es soll ein »abstraktes Gemälde« entstehen. Sofort servieren.

Salsa Carpaccio
Universalsauce

185 ml Mayonnaise (Rezept rechts)
1–2 TL Worcestershiresauce
1 EL Zitronensaft
2–3 EL Milch
Salz
weißer Pfeffer, frisch gemahlen

Für 6 Personen

1. Die Mayonnaise in eine Schüssel geben und mit Worcestershiresauce und Zitronensaft gut verrühren. Etwas Milch zugeben, um eine etwas flüssigere Konsistenz zu erreichen, die sich mit dem Rücken eines Holzlöffels gut verstreichen lässt.

2. Die Sauce mit Salz, Pfeffer und eventuell noch etwas Worcestershiresauce und einem Spritzer Zitronensaft abschmecken.

Das klassische Carpaccio, das Giuseppe Cipriani »erfand«, wird in Harry's Bar nur mit der hier beschriebenen Sauce serviert, die man dort kunstvoll über dem Fleisch »vermalt«.

Salsa Maionese

Mayonnaise

2 Eigelbe oder 1 großes Ei und 1 großes Eigelb
2 TL Weißweinessig
weißer Pfeffer, frisch gemahlen
1/2 TL Senfpulver
Salz
375 ml Olivenöl extra vergine
Zitronensaft von 1/2 Zitrone

Für etwa 375 g Mayonnaise

Handgeschlagene Mayonnaise

1. Eine Schüssel mit heißem Wasser ausspülen und gut abtrocknen. Darin die Eigelbe oder das ganze Ei und das Eigelb, den Essig, das Senfpulver und wenig Pfeffer mit einem Schneebesen aufschlagen.

2. Ein Drittel des Öls unter ständigem Rühren tropfenweise hinzufügen. Das restliche Öl in feinem Strahl zugießen, dabei kontinuierlich schlagen, bis eine Emulsion entsteht. Wenn das Öl komplett aufgenommen wurde, mit Salz, Pfeffer und Zitronensaft abschmecken.

Tipp: Die Mayonnaise hält sich, gut verschlossen, drei bis vier Tage im Kühlschrank.

Zubereitung im Mixer

1. Die Eigelbe oder das Ei und das Eigelb, den Essig, Pfeffer, und das Senfpulver mit etwas Salz in den Mixbecher geben. Gut aufmixen. Den Mixer weiter laufen lassen und das Olivenöl langsam in feinem Strahl dazugießen.

2. Die Mayonnaise in eine Schüssel füllen und mit Salz, Pfeffer, Zitronensaft abschmecken.

Wenn man eine etwas dünnflüssigere Mayonnaise wünscht, können noch ein paar Tropfen heiße Brühe, heißes Wasser oder auch etwas Milch hinzugefügt werden.

Wichtig: Alle Zutaten müssen unbedingt Zimmertemperatur haben.

Tagliolini gratinati al prosciutto

Überbackene Tagliolini mit Schinken

50 g Schinken in feine Streifen geschnitten
35 g Butter
250 g Tagliolini oder Tagliatelle
50 g Parmesan, frisch gerieben
100 ml Béchamelsauce (Rezept rechts)
Salz

Für 4 Personen

1. Den Backofen auf 180 °C vorheizen. 2 Liter Wasser zum Kochen bringen, 2 Teelöffel Salz zufügen.

2. In einer großen Pfanne 15 Gramm Butter schmelzen und den Schinken dazugeben. Wenige Minuten anbraten, dabei ständig rühren.

3. Die Nudeln nach Vorschrift al dente kochen, abtropfen lassen und zu dem Schinken in die Pfanne geben. Weitere 15 Gramm Butter hinzufügen und alles mit dem geriebenen Parmesan verrühren.

4. Diese Mischung in eine Auflaufform geben, mit der Bechamelsauce übergießen und weiteren geriebenen Parmesan darüber streuen. Die restliche Butter in kleinen Flöckchen darüber verteilen.

5. Die Form auf der mittleren Schiene in den vorgeheizten Backofen stellen und den Auflauf in 10 Minuten so überbacken, dass die Nudeln nur leicht bräunlich sind und die Sauce keine Bläschen an der Oberfläche bildet.

6. Mit einem bunten Salat und noch etwas frisch geriebenem Parmesan servieren.

Maria Callas und Elsa Maxwell in Harry's Bar, Venedig 1957

In der Rolle der Medea, Teatro La Fenice, Venedig 1950

Salsa besciamella

Béchamelsauce

60 g Butter
35 g Mehl
500 ml Milch
Salz
weißer Pfeffer, frisch gemahlen

Für etwa 500 ml

1. Die Butter in einem schweren Topf bei schwacher Hitze schmelzen lassen.

2. Das Mehl einrühren und anschwitzen lassen, es soll keine Farbe annehmen. Kräftig rühren.

3. Den Topf vom Herd nehmen und die Milch unter kräftigem Rühren dazugeben, (kalte Milch vermengt sich ohne Hitzezufuhr besser mit dem Mehl und der Butter).

4. Wenn die Sauce sämig geworden ist, wieder zum Kochen bringen. Bei schwacher Temperatur und unter ständigem Rühren so lange kochen, bis die Sauce glatt und dick ist. Dabei darauf achten, dass die Sauce nicht anbrennt.

5. Die Béchamelsauce mit Salz und Pfeffer abschmecken.

Tipp: Dieses Gericht ist eine italienische und französische Menage, denn Pasta, Schinken und Käse sind italienischen – die Sauce und die Zubereitungsmethode französischen Ursprungs.

Die berühmte Béchamel

Salsa besciamella al curry

Béchamelsauce mit Curry

1 kleine grüne Paprikaschote (peperone verde)
1 TL Butter
1 Gewürznelke
2 TL mildes Currypulver
2 Messerspitzen Zimt
1 Tasse Béchamelsauce (siehe Seite 29)

Für 6 Personen

1. Die Paprikaschote putzen, waschen und in ganz kleine Würfel schneiden.

2. Die Butter bei schwacher Hitze in einem Topf schmelzen lassen, die zerstoßene Gewürznelke, Curry und Zimt hinzufügen und verrühren. Die Paprikawürfel dazugeben und unter ständigem Rühren etwa 5 Minuten dünsten.

3. Dann die Béchamelsauce zugeben und kurz aufkochen lassen.

Diese Sauce passt ganz ausgezeichnet zu Fisch.

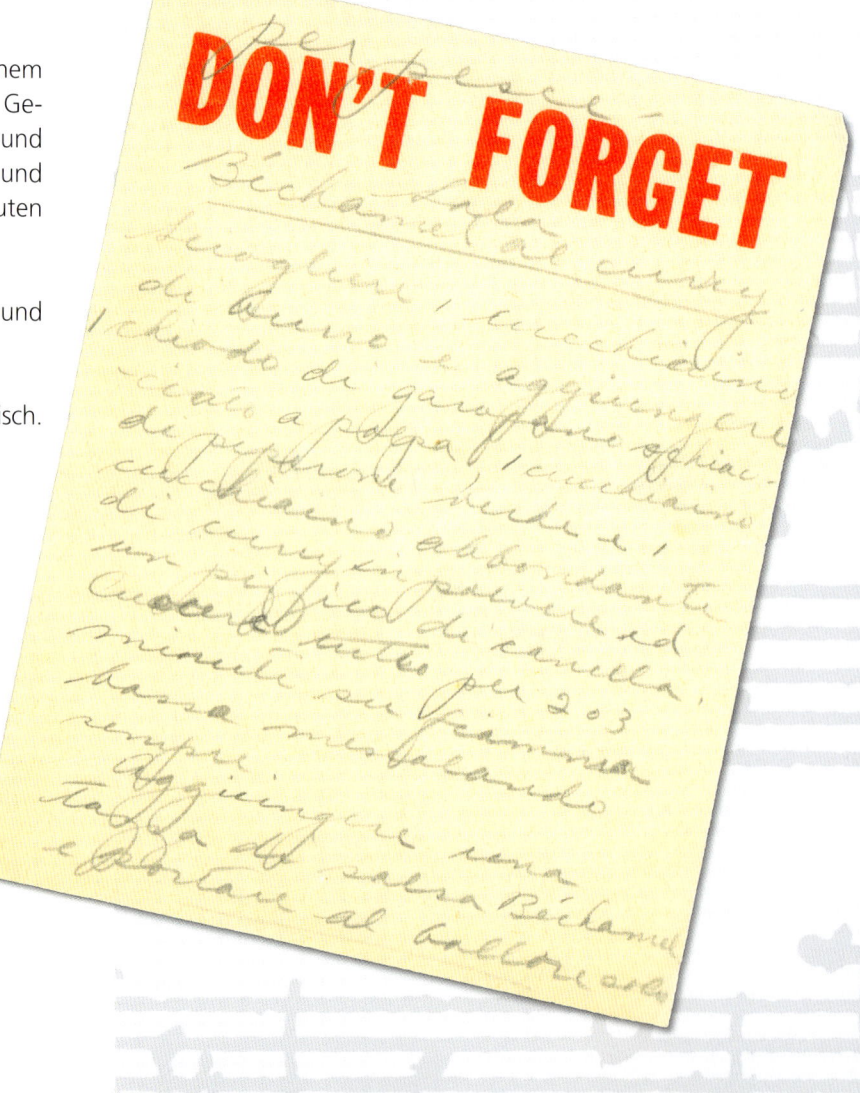

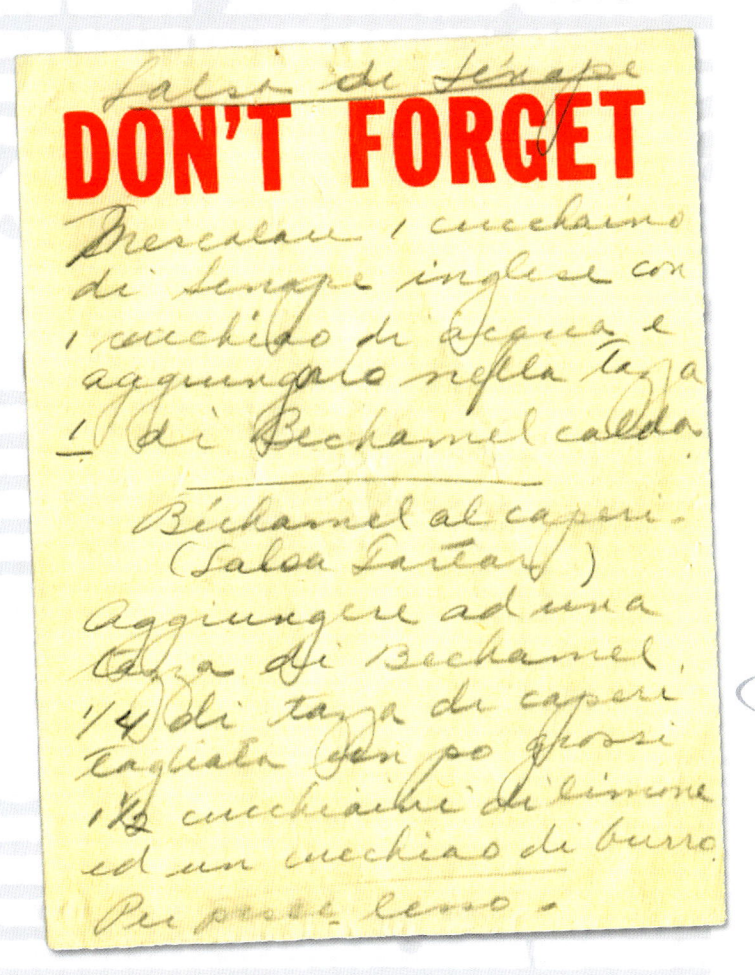

Salsa di senape

Senfsauce

1 TL englischer Senf
1 EL Wasser
1/2 Tasse heiße Béchamelsauce

Als Geschmackszutat für etwa 500 ml Béchamelsauce ausreichend.

Den Senf mit Wasser gut verrühren und unter die heiße Béchamelsauce rühren.

Besciamella ai capperi

Béchamelsauce mit Kapern

2 EL feine Kapern
1/8 l Béchamelsauce
1 1/2 TL Zitronensaft
1 EL Butter

Als Geschmackszutat für etwa 500 ml Béchamelsauce ausreichend.

1. Die Kapern klein hacken.

2. Die Béchamelsauce erwärmen und die Kapern, den Zitronensaft sowie die Butter unterrühren.

Passt gut zu Kalbfleisch und Fisch.

Elsa Maxwells Feste

Das legendäre Danieli

Menükarte Hotel Danieli, Fest von Elsa Maxwell, Venedig 1957

Maria Callas und Elsa Maxwell, Empfang im Hotel Danieli, Venedig 1957

Das Hotel Danieli ist gleichbedeutend mit der Pracht, dem Luxus und der Faszination Venedigs. Es befindet sich in einem liebevoll restaurierten Palazzo, nur wenige Meter entfernt von der Piazza San Marco und anderen Sehenswürdigkeiten. Dieses herausragende Spitzenhotel ist seit Generationen ein Lieblingsaufenthaltsort gut betuchter und berühmter Persönlichkeiten.

Auf Drängen des Dirigenten Tulio Serafin sprang Maria Callas am 19. Januar 1949 für die indisponierte Margherita Carosio in der Partie der *Elvira* in Bellinis *I Puritani* im La Fenice ein. Sie hatte mit dieser Partie einen ungeheuren Erfolg. Dieser Abend kann als Wendepunkt in ihrer Karriere bezeichnet werden und als die Geburtsstunde der zukünftig energisch handelnden und anerkannten agilen Sängerin.

Arrigo Cipriani erinnert sich

In seinem Beitrag über Venedig und die Callas schreibt er u. a: »… im Hotel Danieli spann Elsa Maxwell ihre Fäden. Sie war jene gefürchtete Reporterin des Sets, der noch nicht Jet war, denn damals reiste man von New York nach Paris oder Monte Carlo noch gemächlich per Schiff über den Atlantik, konnte dem Snobismus und dem Luxus ausgiebig frönen …«. Im Hotel Danieli also lernten sich Maria Callas und Aristoteles Onassis dank der Verbindungen, die Elsa Maxwell nur zu gerne schuf, erstmals kennen. Dieses schicksalhafte Ereignis fand anlässlich des großen Empfangs im September 1957 statt, den die berühmt-berüchtigte Klatschkolumnistin für den venezianischen Adel und internationale Berühmtheiten gab.

Consommé gelé en Tasse

Maria Callas mit Elsa Maxwell und Merle Oberon, Hotel Danieli, Venedig 1957

Gelierte Consommé

2 Möhren
1 Stange Sellerie
1 Stange Lauch
1 kleine Kalbshaxe mit Knochen
500 mageres Schweinefleisch
1 l Wasser
Salz
3 Fleischbrühwürfel
6 Blatt weiße Gelatine
1 Eiweiß
Essig oder Weißwein

Für 6 Personen

1. Die Gemüse putzen, waschen und in Stücke schneiden. Das Fleisch zerkleinern, Fett entfernen, und mit den Knochen und den Gemüsen in dem gesalzenen Wasser mit den Brühwürfeln weich kochen.

2. Die Brühe erkalten lassen, entfetten, das geschlagene Eiweiß zum Klären der Brühe unterrühren und unter ständigem Schlagen erhitzen. Dann durch ein Tuch gießen.

3. Die Gelatine in kaltem Wasser einweichen. Dann ausdrücken, in wenig heißer Brühe gut auflösen und in die Brühe rühren. Nochmals salzen und nach Belieben auch mit etwas Essig oder Wein abschmecken.

4. Die Brühe in Suppentassen füllen und erkalten bzw. gelieren lassen.

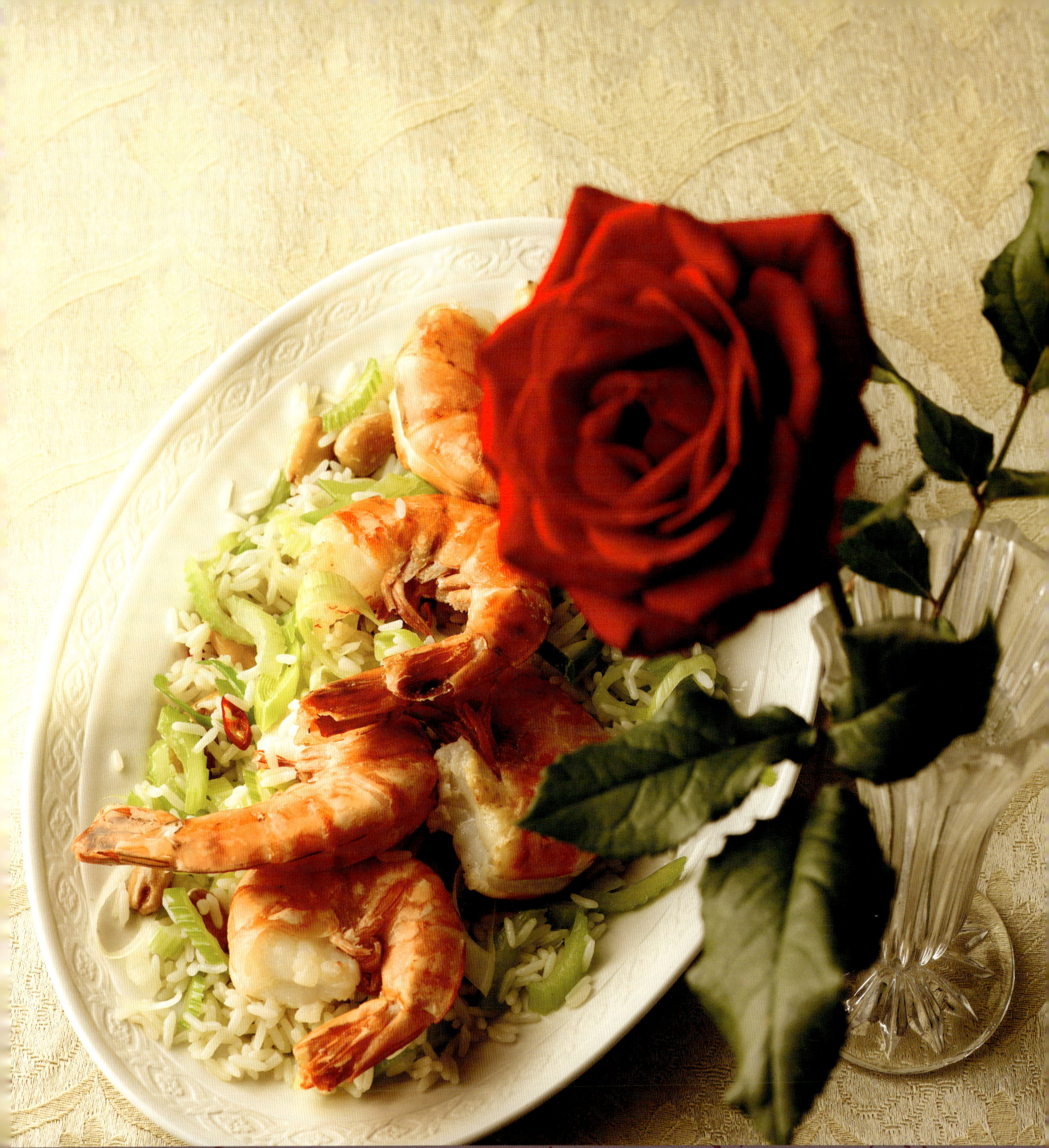

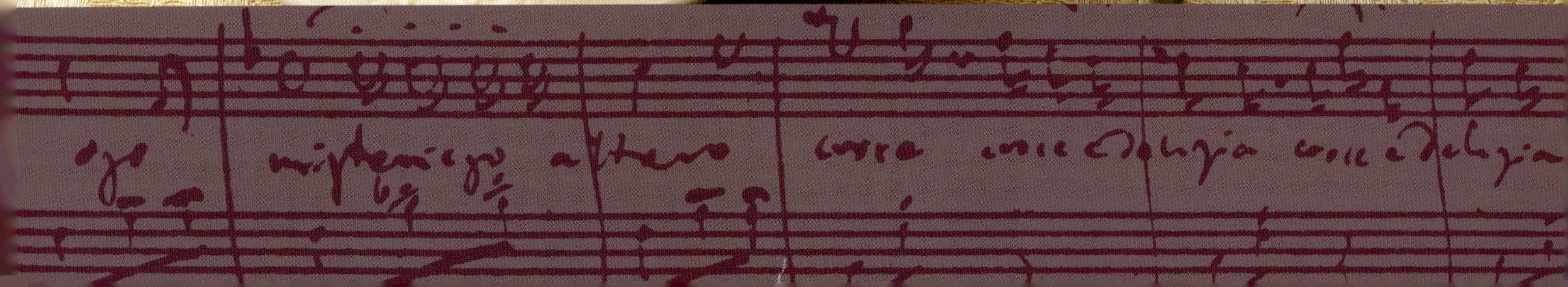

Scampi Flamingo

12 frische Scampi oder Kaisergranaten
1 Zitrone
2 Knoblauchzehen
Salz und schwarzer Pfeffer aus der Mühle
8 EL Olivenöl
1 EL Cognac

Für 4 Personen

1. Die Scampi waschen, auf der Rückenseite einschneiden und den Darm entfernen.

2. Die Zitrone auspressen. Die abgezogenen Knoblauchzehen kleinhacken. Den Zitronensaft und den Knoblauch mit Salz und Pfeffer würzen, 6 Esslöffel Olivenöl unterrühren. Die Scampi darin 2 Stunden marinieren.

3. Das restliche Olivenöl in einer schweren Pfanne erhitzen, die Scampi abtropfen lassen und in dem heißen Öl von jeder Seite etwa 2 Minuten braten. Dann herausnehmen und die Marinade mit 1 Esslöffel Cognac ablöschen. Warm stellen.

4. Die Scampi auf dem orientalischem Reis (siehe Rezept rechts) anrichten und servieren.

Die marinierten und kurz gebratenen Scampi Flamingo lassen sich schnell zubereiten und schmecken köstlich, vor allem in Kombination mit dem orientalischen Reis.

Orientalischer Reis

300 g Duftreis
Salz
2 Stangen Sellerie
1 Stange Lauch
1 kleiner Peperoncino
60 g Butter
100 g abgezogene Mandeln

Für 4 Personen

1. Den Reis in ausreichend Salzwasser bissfest kochen. Abtropfen lassen und in eine Schüssel geben.

2. Den Sellerie, den Lauch und den Peperoncino waschen. Alle Gemüse putzen, eventuelle Fäden vom Sellerie abziehen, Sellerie und Lauch in feine Ringe, den Peperoncino in kleine Würfel schneiden.

3. Die Butter in einem Topf zerlassen, die Gemüse und die Mandeln zugeben. Unter Rühren etwas Farbe annehmen lassen und dünsten, bis das Gemüse gar ist.

4. Den Reis zufügen, würzen, alles gut vermischen und nochmals erwärmen.

5. Auf einer Platte anrichten und für zwei Minuten unter den Grill stellen.

Poulet en Cocotte Soumaroff

Hähnchen im Topf Soumaroff

1 küchenfertiges Hähnchen
4 EL Olivenöl
Salz
schwarzer Pfeffer aus der Mühle
1 Glas trockener Weißwein
2 Knoblauchzehen
2 Möhren
200 g Champignons
2 große Tomaten

Für 4 Personen

1. Das Hähnchen säubern, waschen und in vier Teile teilen, trockentupfen.

2. Das Öl in einem Schmortopf, der auch in den Backofen gestellt werden kann, erhitzen. Die Hähnchenteile dazugeben und rundherum anbraten, dann salzen und pfeffern. Den Bratensatz mit dem Weißwein lösen und die Hähnchenteile in dem Fond weitere 10 Minuten bei mittlerer Hitze dünsten. Den Backofen auf 180 °C vorheizen.

3. Den Knoblauch abziehen, die Möhren und die Pilze putzen und alles in kleine Würfelchen schneiden. Die Tomaten enthäuten, halbieren, den Stielansatz und die Kerne entfernen. Die Tomaten ebenfalls klein würfeln.

4. Das zerkleinerte Gemüse zum Fleisch geben. Nun den Topf mit Deckel in den vorgeheizten Backofen auf die mittlere Schiene stellen und das Fleisch in weiteren 20 Minuten garen. Das Hähnchen mit dem Gemüse servieren.

Dazu passen Baguette oder Reis und ein grüner Salat.

Als Medea, Aufführung im Teatro La Fenice, Venedig 1954

Saltimbocca alla Romana

Kalbsschnitzelchen römische Art

8 Kalbsschnitzelchen (à 60 g)
8 frische Salbeiblätter, zerkleinert
8 Scheiben Parmaschinken
3 EL Olivenöl extra vergine
Salz, schwarzer Pfeffer aus der Mühle
2 EL Fleischbrühe
1 EL Butter

Für 4 Personen

1. Die Kalbsschnitzelchen waschen, trockentupfen, leicht klopfen und darauf je ein zerkleinertes Salbeiblatt und eine Scheibe Schinken legen und mit einem Zahnstocher zusammenstecken.

2. In einer weiten Pfanne das Olivenöl erhitzen, die Schnitzel darin auf beiden Seiten bei starker Hitze 3 bis 4 Minuten braten. Mit Salz und Pfeffer würzen.

3. Die Schnitzel mit dem Schinken nach oben auf einer vorgewärmten Platte anrichten.

4. Den Bratenfond mit der Fleischbrühe ablöschen, die Butter hinzufügen, aufschäumen lassen, gut verrühren und die Sauce über die Schnitzelchen träufeln.

Reis und Salat passen gut dazu.

Maria Callas am Lido, Venedig 1954

Soufflé glacé con fragoline

Geeistes Soufflé mit Waldbeeren

300 ml Milch
1 EL Rum
125 g Zucker
2 Eiweiß
250 ml Sahne
3 EL Puderzucker
200 g Waldbeeren

Für 4 Personen

1. Die Milch in einem Topf leicht erwärmen, den Rum zugeben und abkühlen lassen.

2. Aus dem Zucker und 4 Esslöffeln Wasser einen Sirup kochen, die Masse sollte dickflüssig, aber nicht braun werden.

3. Die Eiweiße sehr steif schlagen und langsam in den noch warmen Zuckersirup rühren. Die Masse abkühlen lassen, dann in den Kühlschrank stellen.

4. Die Sahne steif schlagen, dabei nach und nach den Puderzucker zufügen. Zum Schluss die Rummilch unterheben.

5. Die Sahne unter die gekühlte Creme ziehen und die Masse anschließend in vorbereitete Souffléförmchen füllen. Für 5–6 Stunden ins Gefrierfach stellen.

6. Mit einem spitzen Messer aus den Förmchen lösen und mit den Beeren garniert servieren.

Dieses verführerische Dessert sollte eiskalt serviert werden. Dazu schmecken alle Beeren gut, die der Sommer bietet.

Ristorante 12 Apostoli
Verona
Feine Veroneser Kochkultur

Maria Callas mit Mario del Monaco im Ristorante »3 Corone«, Verona 1954

Maria Callas, erstes Porträtfoto, Verona 1950

Der ehemalige Tenor Giovanni Zanatelo, künstlerischer Leiter der Opernfestspiele von Verona 1947, war auf der Suche nach einer Sopranistin für die *Gioconda* (Oper von Amilcare Ponchielli) und fand sie in New York in Maria Callas. Überzeugt von ihrer Stimme, empfahl er sie Tullio Serafin, dem für die Aufführungen vorgesehenen Dirigenten. Für die Karriere der Callas sollte dieser Musiker eine entscheidende Rolle spielen.

Bei der Recherche für dieses Buch war ich auch in Verona und habe lange nach den drei Rezepten gesucht, an die sich Meneghini erinnerte (lesso con la pearà, anatra fredda con polenta calda und baccalà alla veronese). Bei diesem schwierigen Unterfangen hatte ich großes Glück. Das Restaurant Pedavena, in dem die Callas und ihr Ehemann oft verkehrten, existiert nicht mehr. Ebenso das »3 Corone« an der Piazza Bra, wo sich das Paar oft einfand, besonders nach den Aufführungen in der Arena. Signora Silvia Pomari, eine Nachfahrin der Familie, die im Hotel Accademia die blutjunge Maria wie eine Tochter aufnahm, als sie 1947 nach Verona kam, um in der Arena die *Gioconda* zu singen, brachte mich mit Giorgio Gioco in Kontakt. Er ist Inhaber des »12 Apostoli«, einem Restaurant von internationalem Ruf und Sitz der Accademia della Cucina. Signor Gioco kennt die drei Rezepte, die ich suchte, sehr gut und hat sie häufig für die beiden zubereitet. Giorgio Gioco ist schon seit 1930 im Hause »12 Apostoli«; heute ist er über 80 Jahre alt; ein überaus sympathischer, kultivierter Mann.

Bollito misto

1 Kalbszunge, gepökelt (etwa 600 g)
Salz
500 g Rindfleisch
1/2 TL Pfefferkörner
1 Poularde
3 Möhren
2 Zwiebeln
1 Stange Sellerie
1 kleine Stange Lauch
500 g Kalbfleisch
1 frische Schweinswurst

Für 8–10 Personen

1. Die Kalbszunge in einen Topf legen und so viel gesalzenes Wasser hinzufügen, dass sie knapp davon bedeckt ist.

2. Das Rindfleisch in einem großen Topf in etwa 3 Liter Salzwasser mit den Pfefferkörnern etwa 1/2 Stunde köcheln lassen. Dann die Poularde dazu legen.

3. Die Möhren, die Zwiebeln, den Sellerie und den Lauch putzen, alles kleinschneiden. Mit dem Kalbfleisch in den großen Topf legen. Alles eine weitere Stunde köcheln lassen.

4. Die Schweinswurst mehrmals einstechen, mit Wasser bedeckt erhitzen.

5. Die gegarte Kalbszunge abschrecken und die Haut abziehen und zu dem anderen Fleisch geben und wieder heiß werden lassen.

6. Das gegarte Fleisch in Scheiben schneiden, auf einer großen Platte anrichten und mit dem Gemüse und etwas Brühe servieren.

Tipp: In Italien gehört traditionell ein gefüllter Schweinsfuß in das Bollito misto, den man hier aber nicht überall kaufen kann. Das Gericht wird oft mit Peará-Sauce (Rezept rechte Seite), serviert.

Maria Callas mit Elvira De Hidalgo, ihrer Gesangslehrerin und Vertrauten, während eines Abends in Verona 1954.

Pearà

Pearà-Sauce

50 g Butter
60 g Knochenmark vom Ochsen
(oder stattdessen eine Mischung
aus Butter und Öl)
150 g Semmelbrösel
3/4 bis 1 Liter Gemüse- oder Fleischbrühe
Salz
schwarzer Pfeffer, frisch gemahlen

Für 6-8 Personen

1. In einem emaillierten Topf die Butter und das Knochenmark erwärmen. Die Semmelbrösel zugeben und mit einem Holzlöffel gut vermengen, bis die Brotbrösel das Fett aufgenommen haben.

2. Unter ständigem Rühren die heiße Brühe zufügen, alles etwas köcheln lassen. Salz und viel frisch gemahlenen schwarzen Pfeffer unterrühren.

3. Die Sauce muss cremig sein und eine pikante Note haben, um ihrem Namen gerecht zu werden.

La ricetta greca con agnello

Griechisches Rezept mit Lamm

750 g Lammfilet
3 EL Olivenöl extra vergine
Salz, schwarzer Pfeffer, frisch gemahlen
1 Knoblauchzehe
Weinblätter
1 EL weiche Butter
1 Glas Weißwein

Für 6 Personen

1. Das Lammfleisch waschen, trockentupfen und in mundgerechte Stücke schneiden. In einem großen Topf 2 Esslöffel Olivenöl erhitzen, die Lammstücke darin anbraten, salzen und pfeffern.

2. Eine ofenfeste Form mit dem restlichen Olivenöl ausstreichen. Die Knoblauchzehe abziehen, halbieren und die Form damit ausreiben. Den Backofen auf 160 °C vorheizen.

3. Die Weinblätter waschen und trockentupfen. Mit etwas weicher Butter bestreichen, in jedes Blatt ein Stück Lammfleisch geben und aufrollen. Die gefüllten Weinblätter nun dicht an dicht in die Form schichten und anschließend bei schwacher Hitze im Backofen in etwa 45 Minuten garen.

4. Gegen Ende der Garzeit mit einem Glas Weißwein ablöschen und servieren.

Gefüllte Weinblätter, wie die Callas und ihre Gäste sie schätzten. In dieser Version werden sie nicht mit Reis, sondern mit köstlich-zarten Lammfiletstückchen gefüllt.

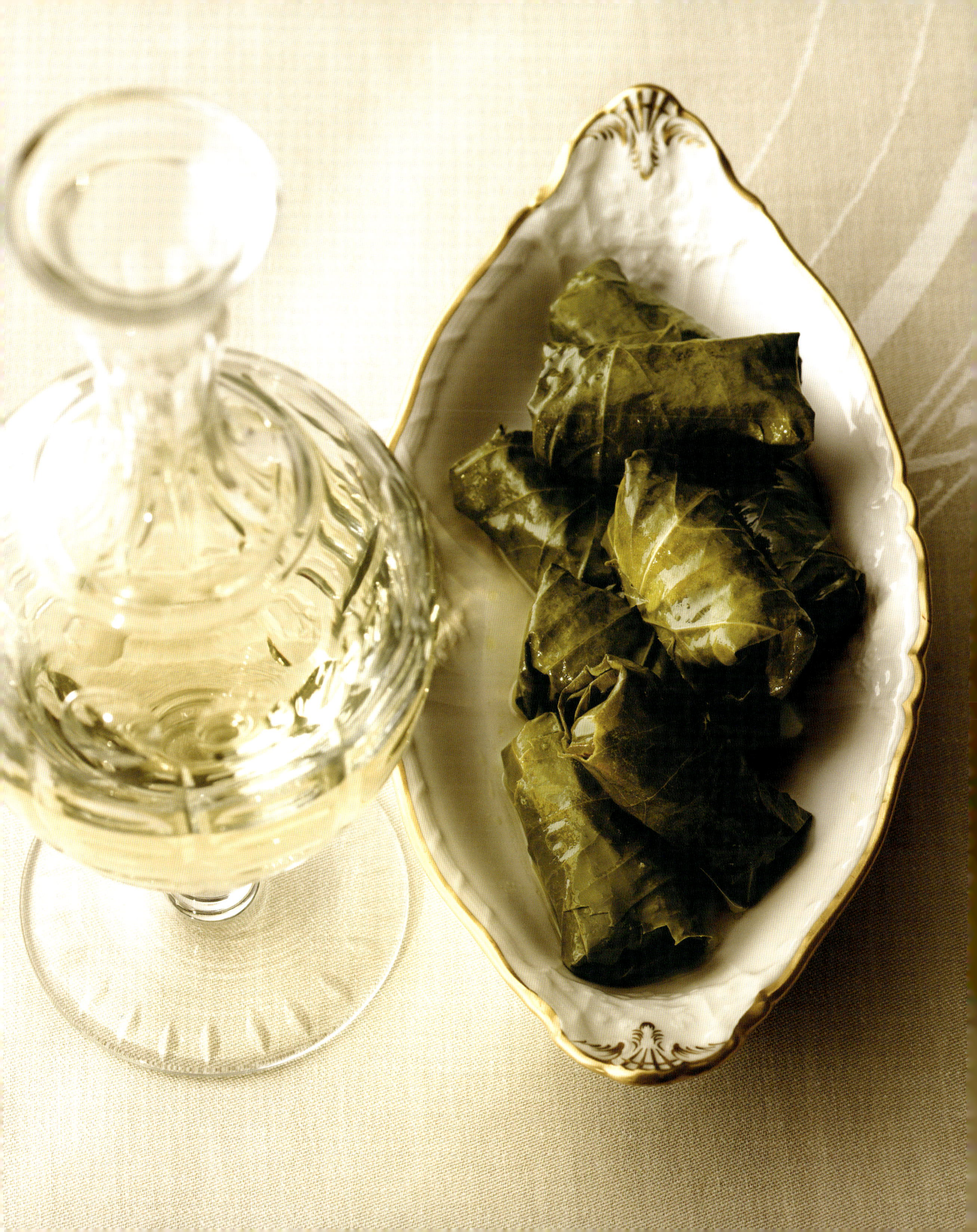

Anitra ripiena
Gefüllte Ente

1 küchenfertige Ente, ca. 1,5–2 kg
1/4 L Milch
300 g Brot vom Vortag
1 Knoblauchzehe
1 Bund Petersilie
1 Bund Schnittlauch
100 g gekochter Schinken
3 Eier
Salz
schwarzer Pfeffer, frisch gemahlen
Mehl
1 EL Butter
2 EL Olivenöl extra vergine
2 Gläser Weißwein

Für 3–4 Personen

1. Den Backofen auf 180 °C vorheizen.

2. Die Ente waschen und trockentupfen.

3. Die Milch erwärmen. Das Brot entrinden und in der Milch einweichen.

4. Die Knoblauchzehe abziehen und fein hacken. Petersilie und Schnittlauch waschen und ebenfalls fein hacken. Den gekochten Schinken fein würfeln.

5. In einer Schüssel das gut ausgedrückte Brot, die gehackten Kräuter, den Schinken und die Eier gut vermengen und mit Salz und Pfeffer würzen. Die Ente mit dieser Masse füllen, mit Küchengarn zunähen und mit etwas Mehl bestäuben.

6. In einer großen Kasserolle die Butter und das Öl erhitzen und die Ente von allen Seiten anbraten. Salzen, pfeffern und mit Weißwein ablöschen.

7. Die Ente im Backofen etwa 1–1 1/2 Stunden schmoren, dabei ab und zu mit dem Bratensaft übergießen.

8. Die Ente aus dem Bräter nehmen, warm stellen. Den Bratfond mit etwas Wein lösen, die Sauce entfetten und abschmecken. Die Ente tranchieren und die Stücke mit der Sauce anrichten.

Gebratene Polentascheiben und ein grüner Salat passen gut dazu.

Baccalà alla Veronese

Stockfisch veroneser Art

500 g Stockfisch, gewässert
2 Knoblauchzehen
1 EL Essig
50 g Olivenöl
1 EL Petersilie, gehackt
Salz

Für 4 Personen

1. Den Stockfisch fertig vorbereitet im Fachgeschäft kaufen oder wie folgt selbst vorbereiten: 1 Esslöffel Bicarbonat (Haushaltsnatron) in ausreichend kaltes Wasser geben und den Stockfisch zwei Tage darin einlegen. Er sollte komplett mit Wasser bedeckt sein. Das Wasser mehrmals wechseln.

2. Den Fisch sorgfältig säubern (Gräten und Haut entfernen) und in Stücke schneiden. Die Knoblauchzehen abziehen und hacken.

3. In einen großen Topf geben und mit sehr viel Wasser und dem Essig begießen. Zum Kochen bringen und die Hitze dann sofort reduzieren. Der Fisch sollte im heißen Wasser nur langsam gar ziehen, denn wenn er gekocht wird, zerfällt das Fischfleisch.

4. Den Fisch herausnehmen, wenn sich das Fleisch noch fest anfühlt, gut abtropfen lassen. In mundgerechte Stücke teilen, mit Öl, gehackter Petersilie und dem Knoblauch vermengen, evt. salzen. In einer Terrine oder auf Tellern anrichten. Kartoffeln oder Brot und ein Salat passen gut dazu.

Info: Der Stockfisch nach Veroneser Art wird auch als Stockfisch Kapuziner Art bezeichnet oder umgangssprachlich als »alla bronzona«. Der Begriff bedeutet: auf die Schnelle, mit Leichtigkeit.

Tipp: Für diese Weinschaumcreme sind ungesüßte Erdbeeren oder Waldhimbeeren passende Begleiter. Auch Mandelgebäck, Cantuccini zum Beispiel, passen gut dazu. Statt Marsala kann man die Zabaglione auch mit Vin Santo oder Sherry zubereiten.

Zabaglione

Weinschaumcreme

4 Eigelb
4 EL Zucker
1/8 l Weißwein
4 EL Marsala

Für 4 Personen

1. Die Zutaten in einen Topf geben und diesen in ein Wasserbad stellen. Das Wasser sollte nur sieden. Die Zutaten mit dem Schneebesen so lange schlagen, bis die Masse cremig zu werden beginnt.

2. Die Creme in Dessertgläser oder Schälchen füllen und warm servieren.

Info: Maria Callas verlangte die Zabaglione ausschließlich kombiniert mit Pandoro (Hefekuchen) und dazu frische Erdbeeren.

Ristorante Oliviero e Sabatini

Klassische toskanische Küche

Maria Callas, 1955

Maria Callas, 1957

Florenz, das Kunstzentrum von Weltrang, diese moderne, lebendige Metropole, ist auch Veranstalter des jährlich im Mai/Juni stattfindenden internationalen Maggio Musicale Fiorentino. Es wurde 1933 von Vittorio Gui gegründet und praktisch vom Start weg eines der wichtigsten Musikfestivals der Welt, zu dem die besten Künstler der Musik- und der Ballettwelt eingeladen werden. Auch Maria Callas gehörte seinerzeit zu den Interpreten.

Die Callas liebte insbesondere die Küche der Toskana und die Gerichte des Restaurants Oliviero e Sabatini. Dieser Tempel des Genusses, im Herzen von Florenz und nahe dem berühmten Ponte Vecchio gelegen, gehört laut Gambero Rosso und Veronelli noch heute zu den fünf besten der Stadt. Es nennt sich heute nur noch Oliviero.

Unvergessene Genießer

Das Restaurant hat sich den Charme der Dolce-Vita-Jahre bewahrt, als Gäste wie Marcello Mastroianni, Burt Lancaster, Sofia Loren, Tyrone Power, Liza Minelli und nicht zuletzt eben Maria Callas dort gern gesehene Gäste waren.

Ihrer Vorliebe für Fleisch konnte sie hier trotz ihrer strengen Diät frönen, denn das berühmte Bistecca alla Fiorentina wird nur über Holzglut von Kastanien- oder Nussholz gegrillt und dann lediglich mit wenig Salz, frisch gemahlenem schwarzem Pfeffer und ein paar Tropfen besten toskanischen Olivenöls gewürzt.

Florenz

46 la divina in cucina

Crostini di fegatini

Crostini mit Hühnerlebern

200 g frische Hühnerlebern
1 Bund Petersilie
2 Sardellen
1 EL Kapern
30 g Butter
Salz
schwarzer Pfeffer, frisch gemahlen
25 kleine Scheiben toskanisches Bauernweißbrot

Für etwa 25 Stück

1. Die Hühnerlebern putzen und klein schneiden.

2. Die Petersilie waschen, trocknen und die Blättchen abzupfen. Zusammen mit der Leber fein hacken.

3. Die Sardellen wässern, trockentupfen und mit den Kapern ebenfalls sehr fein hacken.

4. Die Butter in einem Topf erhitzen. Alle Zutaten hinzufügen, kurz anbraten und unter Rühren ein paar Minuten dünsten. Nach Geschmack mit etwas Salz und Pfeffer abschmecken.

5. Das Brot im Backofen oder im Toaster rösten. Mit der Lebermischung bestreichen und noch warm servieren.

Tipp: Eine eingelegte Sardelle, zerdrückt und mit dem Tomatenmark vermischt, macht das Pilzgericht noch würziger und schmackhafter. Bei den Pilzen kann man variieren und von allen nehmen, die der Markt frisch bietet.

Funghi alla Toscana

Pilze toskanische Art

500 g frische Pilze (Egerlinge, Champignons, Austernpilze, Pfifferlinge)
Saft von 1 Zitrone
2 Knoblauchzehen
3 EL Olivenöl
Salz und Pfeffer, frisch gemahlen
1 EL Tomatenmark
1 kleine Tasse Brühe
1 Stängel frischer Oregano

Für 4 Personen

1. Die Pilze gründlich putzen und in feine Scheiben schneiden. Mit dem Zitronensaft beträufeln. Die Knoblauchzehen abziehen und hacken.

2. In einer schweren Pfanne das Öl erhitzen, den Knoblauch kurz anbraten, die Pilze hinzufügen, salzen und pfeffern.

3. Nach etwa 5 Minuten das Tomatenmark und etwas Brühe dazugeben, erneut aufkochen und etwa 10 Minuten köcheln lassen.

4. Den Oregano waschen, die Blättchen abzupfen, fein hacken und zu den Pilzen geben. Kurz durchrühren. Die Pilze noch warm mit Weißbrot servieren.

Zuppa di cavolo nero

Toskanische Gemüsesuppe mit Schwarzkohl

200 g Cannellinibohnen, getrocknet
1 Zwiebel
5 Knoblauchzehen
1 Möhre
1 Stange Lauch
1 reife Tomate oder 2 geschälte aus der Dose
100 ml Olivenöl
1,5 l Gemüsebrühe
400 g Cavolo nero oder Grünkohl
1 Stange Sellerie
Salz
1 Zweig Rosmarin
4 Scheiben altbackenes toskanisches Brot
Parmesan, frisch gerieben

Für 4 Personen

1. Die Bohnen über Nacht in ungesalzenem Wasser einweichen.

2. Die Zwiebel abziehen und hacken. Die Knoblauchzehen ebenfalls abziehen, davon 2 in Scheiben schneiden und 3 zerdrücken. Die Möhre schaben und würfeln, den Lauch putzen und in Scheiben schneiden und die Tomate (auch die aus der Dose) ebenfalls in Stücke schneiden.

3. In einem großen Schmortopf 3 Esslöffel Olivenöl erhitzen, die Zwiebel und die Knoblauchscheiben darin anbraten. Die Möhre, den Lauch und die Tomaten mit den abgetropften Bohnen dazugeben und mit Brühe aufgießen. So lange kochen lassen, bis die Bohnen weich sind (etwa 30 Minuten).

4. Eine Schöpfkelle Suppe herausnehmen, den Rest der Suppe passieren. Die passierte Suppe wieder erhitzen, sollte sie zu dickflüssig sein, etwas Brühe zufügen.

5. Den Schwarzkohl oder Grünkohl waschen, putzen und in breite Streifen schneiden. 3 Knoblauchzehen zerdrücken. Den Rosmarinzweig waschen, einmal durchschneiden.

6. Die ganzen Bohnen und die Kohlstreifen zur Suppe geben.

7. In einer kleinen Pfanne das verbliebene Öl erhitzen, den Rosmarin und 2 zerdrückte Knoblauchzehen darin kurz anbraten. Dieses Öl durch ein Sieb zur Suppe geben.

8. Die Brotscheiben rösten, mit der restlichen Knoblauchzehe einreiben und in vorgewärmte Suppenteller legen. Mit Suppe auffüllen und mit dem geriebenen Parmesan bestreut servieren.

Info: Cavolo nero kann man hierzulande nicht bekommen. Ein sehr guter Ersatz ist Grünkohl, der für dieses Rezept nicht einmal den ersten Frost erlebt haben muss.

Frittata ai carciofi
Artischockenomelette

5 Artischocken
1 Zitrone
1 Brötchen ohne Rinde oder Weißbrot
Milch
6 EL Olivenöl
6 Eier
4 EL Parmesan, frisch gerieben
1 EL Petersilie, gehackt
2 Knoblauchzehen, gehackt
Salz
weißer Pfeffer, frisch gemahlen

Für 4 Personen

1. Die Artischocken von den äußeren harten Blättern befreien, die Spitzen kürzen und die Stiele entfernen. Nur die inneren weißen Herzen sind genießbar. Diese in dünne Scheiben schneiden und sofort in kaltes Wasser mit Zitronensaft legen und beiseite stellen.

2. Das Brötchen oder das Brot in so viel Milch legen, dass die Masse bedeckt ist.

3. Die Artischocken abtropfen lassen und in 2 Esslöffel Öl andünsten, etwas Zitronenwasser zufügen, damit sie nicht zu trocken werden.

4. Die Eier in einer großen Schüssel gut verquirlen. Brötchen oder Brot gut ausdrücken. Parmesan, die Petersilie, den Knoblauch und die Artischocken zugeben und alles gut vermengen. Mit Salz und Pfeffer abschmecken.

5. In einer großen Pfanne das restliche Öl erhitzen. Die Eimasse in die Pfanne geben und bei mittlerer Hitze backen. Sobald sie zu stocken beginnt, das Omelett wenden, die Hitze reduzieren, und die andere Seite backen.

Mit einem Salat servieren. Diese Frittata schmeckt warm oder kalt.

Maria Callas, 1952

Arrosto misto alla Toscana

Viererlei Braten auf toskanische Art

1 kg Schweinekotelett
6 Knoblauchzehen
einige Salbeiblätter und Rosmarinzweige
Salz und Pfeffer, frisch gemahlen
Olivenöl
1 kg Kalbsnuss
1/2 l Fleischbrühe

1 Hähnchen
1 toskanisches Würstchen
(Ersatz: fränkische Bratwürste oder andere, nicht gebrühte Würstchen)
1/2 Zitrone
1 kg Rinderlende
1/2 Glas Rotwein

Für 8–10 Personen

1. Den Ofen auf ca. 240 °C vorheizen.

2. Die Knochen am Schweinekotelett leicht vom Fleisch lösen. Die Knoblauchzehen abziehen und feinschneiden, Salbei und Rosmarin waschen. Die Knoblauchscheibchen, Rosmarin und Salbeiblätter zwischen Fleisch und Knochen stecken. Mit Salz und Pfeffer würzen, mit etwas Olivenöl beträufeln und in eine große Backpfanne legen, die vorher mit etwas Öl ausgestrichen wurde.

3. Die Kalbsnuss salzen, pfeffern, mit Öl bestreichen und mit Knoblauch und Rosmarin würzen. Zum Kotelett legen.

4. Das Schweinekotelett und die Kalbsnuss bei großer Hitze im Backofen eine Stunde schmoren lassen, dabei immer wieder ein wenig Brühe aufgießen.

5. Das Hähnchen gut säubern, abtupfen und innen wie außen mit Salz und Pfeffer würzen. In die Bratwurst Rosmarinnadeln stecken, in das Hähnchen geben und dieses mit etwas Öl bestreichen und im Backofen 30 Minuten braten. 10 Minuten vor Ende der Garzeit mit etwas Zitronensaft beträufeln.

6. Die Rinderlende mit Küchengarn zusammenbinden, dabei ein paar Rosmarinzweige mit einbinden. Anschließend mit Salz und frisch gemahlenem Pfeffer würzen und bei starker Hitze anbraten. Sobald sich eine leichte Kruste gebildet hat, die Temperatur reduzieren. Weitere 25 Minuten braten und nach der Hälfte der Garzeit den Rotwein angießen.

Info: Dies ist ein typisches Restaurantgericht. In der Toskana werden die Fleischsorten in familientauglichen Mengen gewürzt, mariniert und über einem Grill geröstet.

Arrosto misto ist ein Festessen für alle, die von Fleisch nicht genug bekommen können. Fein gewürzt und gebraten kann man Schweinekotelett, Rinderlende, Geflügel und Wurst auf einem Teller vereint genießen.

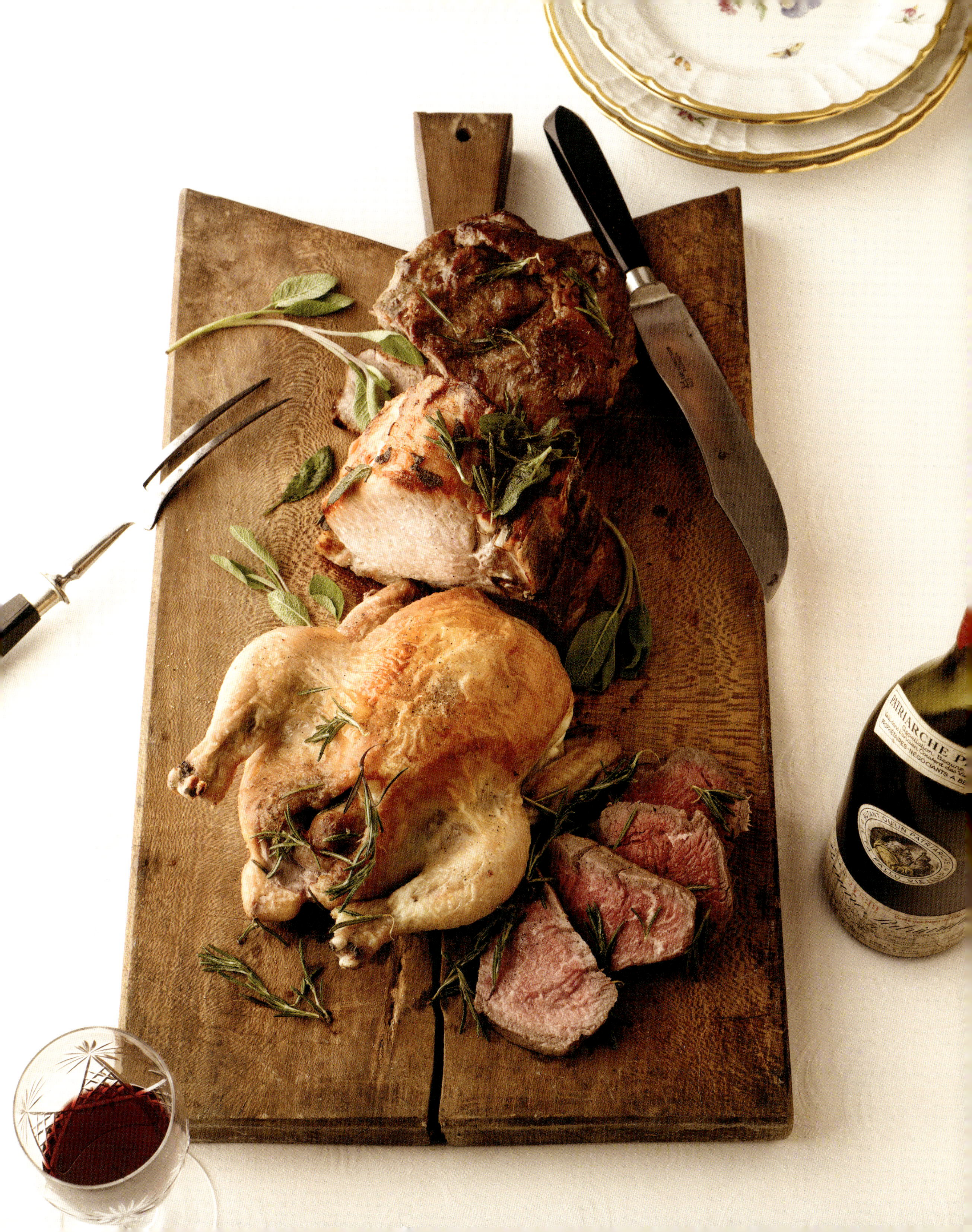
PATRIARCHE P

Ristorante Savini & Biffi Scala

Die luxuriösen »Kantinen« der Scala

Van Heflin, Schauspieler, und Maria Callas, Savini 1960

Maria Callas mit einem Koch in der Küche des Savini 1953

Nach dem großen Erfolg in Florenz konnte auch die Mailänder Scala die Sängerin Maria Callas nicht länger ignorieren. Nach der Premiere von Verdis *I Vespri* schickte Ghiringhelli, der Superintendent der Scala, ihr ein Glückwunschtelegramm, und nach der dritten Vorstellung dieser Oper machte er ihr endlich ein Angebot für vier Hauptrollen, worüber sie sehr glücklich war.

Mailand und das Restaurant Savini gehören zusammen wie der schiefe Turm zu Pisa. Dieses Restaurant, das bereits 1867 inmitten der Galleria Vittorio Emanuele II eröffnet wurde, war von Anfang an ein Platz, um zu sehen und gesehen zu werden. Maria Callas war dort gerne Gast und liebte es, nach einer Vorstellung mit Freunden und Kollegen dort zu feiern.

Auch das Biffi schätzte sie sehr, das sich direkt neben dem Opernhaus befindet. Mit seinen luxuriös ausgestatteten Salons aus dem 18. Jahrhundert war es ein beliebter Treffpunkt aller Musiker und Kunstschaffenden, die nach der Oper dort gerne ein ›riso al salto‹ genossen.

Wie bereits im Vorwort erwähnt, habe ich mich darum bemüht, auch die Gerichte des Savini, die von der Diva bevorzugt wurden oder die sie sich notierte oder aufschreiben ließ, so authentisch wie möglich wiederzugeben. Dass ich das konnte, verdanke ich der Unterstützung des Turin Hotel International und des Geschäftsführers des Savini, Massimo Leimer.

Mailand

Risotto Milanese

Risotto mailänder Art

1 mittelgroße Zwiebel
30 g Butter
350 g Carnaroli oder Avorio-Reis
etwa 1 l heiße Gemüsebrühe
1 Glas Weißwein
1 Döschen Safranfäden
Salz
weißer Pfeffer, frisch gemahlen
120 g Parmesan, frisch gerieben
1 EL Sahne
1 TL Salbeibutter

Für 4–6 Personen

1. Die Zwiebel abziehen und sehr fein würfeln.

2. In einer Pfanne 20 Gramm Butter erhitzen, die Zwiebel darin andünsten, den Reis einstreuen und unter Rühren glasig werden lassen. Eine Tasse Brühe aufgießen und ständig rühren.

3. Die Hitze reduzieren. Nach und nach mehr Brühe und den Wein zugießen, bis der Reis gar ist, dabei ständig rühren.

4. Die Safranfäden in etwas heißer Brühe auflösen, zum Reis geben, unterrühren. Mit Salz und Pfeffer würzen.

5. Wenn die Reiskörner gar sind, aber noch einen Biss haben, die restliche Butter, den Parmesan, die Sahne und die Salbeibutter einrühren. Der Risotto sollte cremig sein. Vor dem Servieren noch etwas ausquellen lassen. Mit frisch geriebenem Parmesan servieren.

Tipp: Die richtige Konsistenz eines Risottos wird im Veneto auch als »all'onda« bezeichnet. Das heißt »auf der Welle« und bedeutet in diesem Zusammenhang: sehr weich und fließend. Wenn der Risotto zu kompakt sein sollte, fügt man am Schluss noch etwas heiße Brühe zu.

Riso al salto

Pikanter Reiskuchen aus der Pfanne

1 kleine Zwiebel
3 EL Olivenöl extra vergine
1 Zweig Oregano
Risotto vom Vortag, Zubereitung und Menge wie nebenstehend beschrieben
Parmesan, frisch gerieben

Für 4–6 Personen

1. Die Zwiebel abziehen und sehr fein hacken.

2. Das Olivenöl in einer großen Pfanne erhitzen, die Zwiebelwürfel darin glasig werden lassen, sie sollen nicht braun werden.

3. Die Oreganoblättchen abzupfen und hacken, mit dem Risotto gut vermengen. Die Risottomasse in der Pfanne flach drücken und goldbraun und knusprig braten. Dann wie ein Omelette wenden und die andere Seite braun braten.

4. Mit frisch geriebenem Parmesan und einem bunten Salat servieren.

Info: Dieses Gericht war bei den Gästen des Biffi Scala, wie der Callas und anderen Berühmtheiten, ganz besonders beliebt.

Ossobuco alla Milanese in Gremolata

Ossobuco mailänder Art mit Gremolata

6-8 Kalbshaxenscheiben, etwa 3 kg
Salz, weißer Pfeffer, frisch gemahlen
Mehl zum Wenden
10 g getrocknete Steinpilze
6 EL Olivenöl extra vergine
4 Stangen Sellerie
4 Möhren
1 große Zwiebel
je 2 Zweige Rosmarin und Salbei
2 EL Butter

1/4 l Weißwein
1/4 l Gemüsebrühe
1 kg geschälte Tomaten in Stücken
je 1 TL Thymian und Oregano
Brühe zum Begießen

Für die Gremolata:
2 unbehandelte Zitronen
3 Knoblauchzehen
1 Bund Petersilie

Für 6 Personen

1. Die Haxenscheiben waschen und trockentupfen. Salzen, pfeffern und in wenig Mehl wenden.

2. Die Steinpilze in lauwarmem Wasser einweichen.

3. In einer Pfanne 3 Esslöffel Olivenöl erhitzen und die Beinscheiben darin rundum goldbraun anbraten. Herausnehmen und warm stellen.

4. Den Sellerie und die Möhren putzen, die Zwiebel abziehen, alles in kleine Würfel schneiden. Die Rosmarin- und Salbeizweige waschen und mit Küchengarn zusammenbinden.

5. 2 Esslöffel Olivenöl und die Butter in der Pfanne erhitzen. Das Gemüse und die Kräuter darin anrösten. Die Beinscheiben wieder zugeben, erhitzen und mit dem Weißwein ablöschen und verdampfen lassen.

6. Die Steinpilze aus dem Wasser nehmen, auspressen und kleinschneiden. Das Einweichwasser durch ein feines Sieb gießen und auffangen.

7. Die Pilze und das Einweichwasser, die Gemüsebrühe sowie die Tomaten, den Thymian und Oregano zum Fleisch in die Pfanne geben. Einmal aufkochen lassen und dann zugedeckt bei schwacher Hitze etwa 2 1/2 Stunden schmoren lassen. Dabei hin und wieder Brühe angießen.

8. Für die Gremolata die Zitronen waschen, trocknen und die Schale abreiben.

9. Die Knoblauchzehen abziehen und zusammen mit der Petersilie fein hacken, mit der Zitronenschale vermengen.

10. Das Ossobuco bei Bedarf noch mit Salz und Pfeffer abschmecken und mit der Gremolata bestreut servieren.

Von links: Emanuela Castelbarco, Ida Visconti Cavalli, Giovanni Battista Meneghini, Maria Cecchini, Antonio Ghiringhelli, Maria Callas, Luchino Visconti, Ristorante Savini Mailand 1954

Crema leggera

Leichte Vanillecreme

1 Vanilleschote
1/2 l Milch
4 Blätter Gelatine
4 Eigelbe
150 g Zucker

Für 4 Personen

1. Die Vanilleschote halbieren, längs aufschlitzen, das Mark mit einem Messer herauskratzen.

2. Die Milch aufkochen und die Schotenhälften mit dem Mark hineingeben. Vom Herd nehmen und die Milch abkühlen lassen.

3. Die Gelatine in Wasser einweichen. Die Eigelbe mit dem Zucker schaumig rühren.

4. Die Schote aus der Milch entfernen und die Milch zur Eicreme gießen. Die Masse dann über einem Wasserbad so lange rühren, bis sie beginnt, dicklich zu werden.

5. Die Gelatine ausdrücken, in wenig heißem Wasser auflösen und in die Creme rühren.

6. Die Creme abkühlen lassen, dabei aber immer wieder umrühren, damit sich keine Haut bildet.

Tipp: Ein perfektes Dessert: Vanillecreme mit Schokoladensauce, frischen Früchten oder Eis.

Rezepte von Pia Meneghini

Typische Gerichte aus dem Veneto

Enzo Mascherini, Maria Callas und Pia Meneghini, 1951

Maria Callas in ihrer Küche in Verona, 1965

Für ihren ersten Auftritt in der Arena von Verona musste Maria Callas erst eine dreizehntägige Seereise von New York nach Neapel hinter sich bringen, und dann noch die lange Bahnreise von dort in die Festspielstadt. Ihr erstes, und wie sich später herausstellen sollte, sehr denkwürdiges Abendessen fand im Restaurant Pedavena, das es heute nicht mehr gibt, statt, wo sie den als großen Opernliebhaber bekannten Industriellen Giovanni Battista Meneghini kennenlernte.

In Verona hatte Meneghini das erste Zuhause für sich und Maria eingerichtet, das praktischerweise ganz in der Nähe der Arena lag. Sie liebte dieses Heim sehr und fühlte sich wohl darin. Ihren ersten »Unterricht« im Kochen bekam sie von Ihrer Schwiegermutter, die in Zevio, einem Vorort von Verona, wohnte. Am Wochenende fuhr das Ehepaar oft dorthin, wo die Callas zahlreiche Veroneser Spezialitäten kennenlernte. Viele Kochbücher der Sammlung, die jetzt erst gefunden wurde, stammen aus dieser ersten Zeit. Diese hatte sie von ihrer Schwägerin Giuseppina geschenkt bekommen.

Wie im Vorwort bereits erwähnt, erinnert sich auch Giulietta Simionato an Gespräche mit der Callas über ihre schöne Küche in Verona und dass sie für ihren »Titta«, wie sie ihren Mann nannte, unbedingt eine gute Hausfrau sein wollte.

Zuhause

la divina in cucina

Risi e bisi

Reis mit Erbsen

1 kg frische oder 450 g tiefgefrorene Erbsen
1 l Hühnerbrühe
60 g Bauchspeck oder luftgetrockneter Schinken
2 Zwiebeln
2 Knoblauchzehen
60 g Butter
1 Selleriestange
300 g Vialone- oder Avorio-Reis
80 g Parmesan, frisch gerieben
2 EL Petersilie, fein gehackt
Salz und Pfeffer, frisch gemahlen

Für 6 Personen

1. Die frischen Erbsen palen, die tiefgefrorenen nach Packungsvorschrift auftauen lassen. Die Brühe erhitzen.

2. Den Speck oder Schinken würfeln. Die Zwiebeln und die Knoblauchzehen abziehen und ebenfallls würfeln. In einer großen Kasserolle etwas Butter zerlassen, Speck, Zwiebeln und Knoblauch bei schwacher Hitze darin sanft anbraten.

3. Die Selleriestange waschen, abziehen und in kleine Würfel schneiden, zum Speck geben und unter Rühren 10 Minuten andünsten. Die Erbsen hinzufügen und 1/4 Liter Brühe angießen, etwa 5 Minuten köcheln lassen.

4. Den Reis dazugeben und unter Rühren etwa 20 Minuten garen bzw. so lange ausquellen lassen, bis er gar, aber noch bissfest ist. Nach und nach die restliche Brühe angießen.

5. Die verbliebene Butter, die Hälfte des Parmesans und die Petersilie unterrühren. Den Reis abschmecken. Den restlichen Parmesan extra dazu servieren.

Risotto di asparagi

Risotto mit Spargel

1 kleine Zwiebel
1 kg grüner Spargel
2 EL Olivenöl
50 g Butter
Salz und weißer Pfeffer, frisch gemahlen
etwa 1 l Fleischbrühe
300 g Vialone- oder Avorio-Reis
4 EL Parmesan, frisch gerieben

Für 4 Personen

1. Die Zwiebel schälen und fein hacken. Den Spargel putzen, die Enden entfernen und den Spargel in Stücke schneiden.

2. In einer großen Pfanne das Öl und die Hälfte der Butter erhitzen. Die Zwiebel darin anbraten und den Spargel dazugeben, salzen und pfeffern. Etwas Brühe zugießen und zugedeckt etwa 5 Minuten dünsten.

3. Dann den Reis untermischen, ziehen lassen und zwei Tassen Brühe angießen, ohne Deckel kochen lassen und immer wieder umrühren. Nach und nach die Brühe zugeben, bis der Reis gar ist. Kurz vor Ende der Garzeit die restliche Butter und den Parmesan unterrühren.

Fegato alla Veneziana

Kalbsleber venezianische Art

Leber mit Zwiebeln, eine berühmte venezianische Kombination. Die Polenta als Beilage ist ein Muss, wenn das Gericht authentisch sein soll.

600 g Kalbsleber
3 große weiße Gemüsezwiebeln
4 EL Olivenöl
2 EL Butter
Salz
schwarzer Pfeffer, frisch gemahlen

Für 4 Personen

1. Die Leber waschen, gut trockentupfen und in schmale Streifen schneiden. Die Zwiebeln abziehen und in feine Ringe schneiden.

2. In einer großen Pfanne 2 Esslöffel Olivenöl und 1 Esslöffel Butter schmelzen lassen und die Zwiebelringe darin dünsten, bis sie hellbraun sind.

3. In einer zweiten Pfanne bei mittlerer Hitze Butter und Öl erhitzen, die Leberstreifen darin anbraten. Um eine perfekt gegarte Leber zu erhalten, darf man sie nur kurz anbraten und muss die Pfanne sofort vom Herd nehmen. Die Kalbsleber soll innen noch rosa sein.

4. Die Zwiebeln zugeben und untermischen. Erst zuletzt mit etwas Salz und Pfeffer abschmecken, damit die Leber schön weich und saftig bleibt.

Polenta

Maisgrießbrei

2 Liter Wasser
Salz
250 g Maisgrieß, gelb oder weiß

Für 4 Personen

In einem hohen Topf das Wasser mit Salz zum Kochen bringen. Den Maisgrieß langsam mit dem Schneebesen einrühren. Aufkochen lassen und dann bei schwacher Hitze kochen lassen, dabei immer wieder kräftig rühren. Dabei bildet sich eine Kruste, die Polenta fängt an, sich vom Boden und der Wand zu lösen.

Man kann dem Wasser auch ein wenig Milch und einen Esslöffel Olivenöl zugeben, dann wird die Polenta etwas weicher.

Info: Im Veneto wird Polenta aus gelbem wie aus weißem Maisgrieß zubereitet. Zur Leber wird sie gerne gebraten serviert.

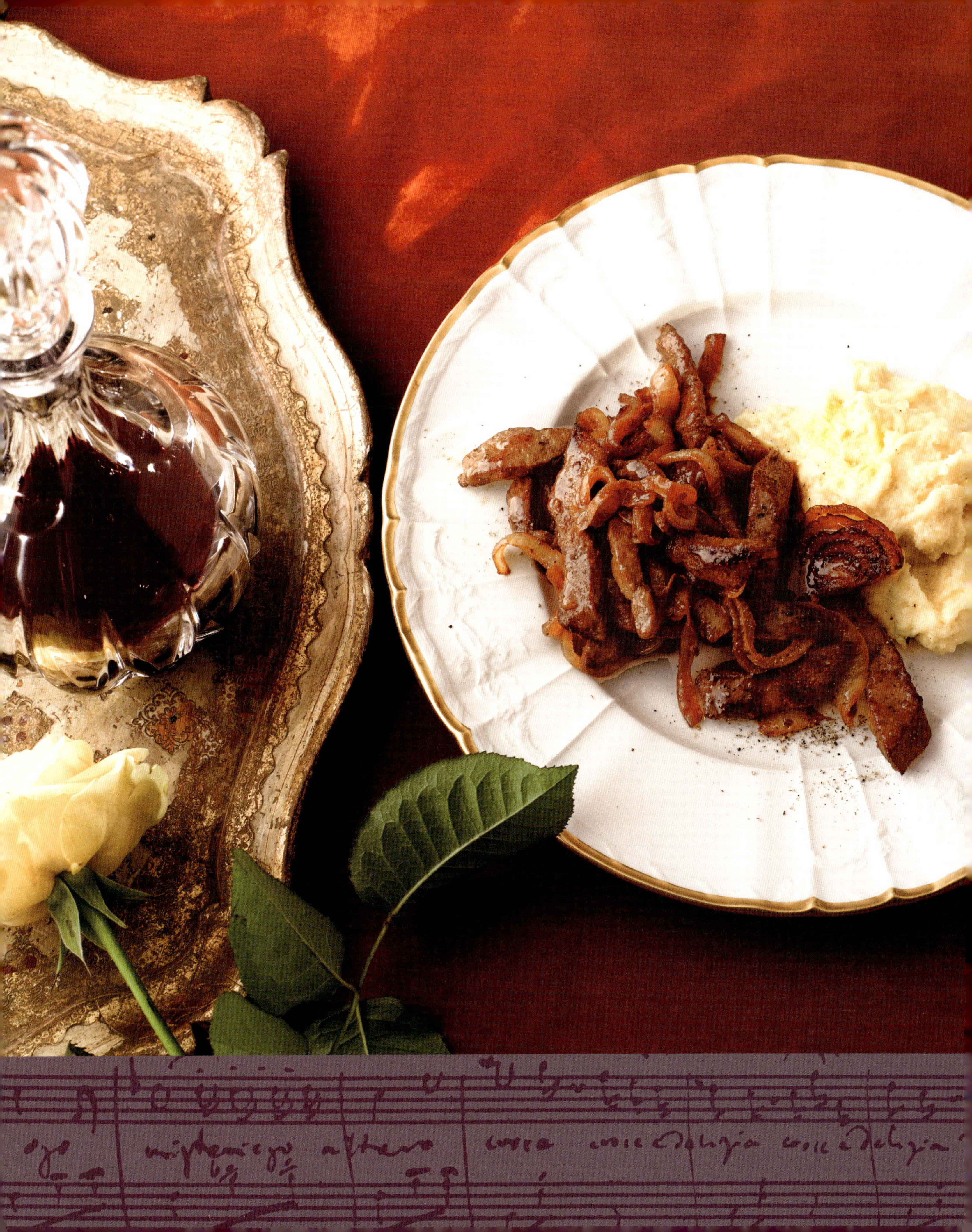

Bigoli con ragù d'anatra

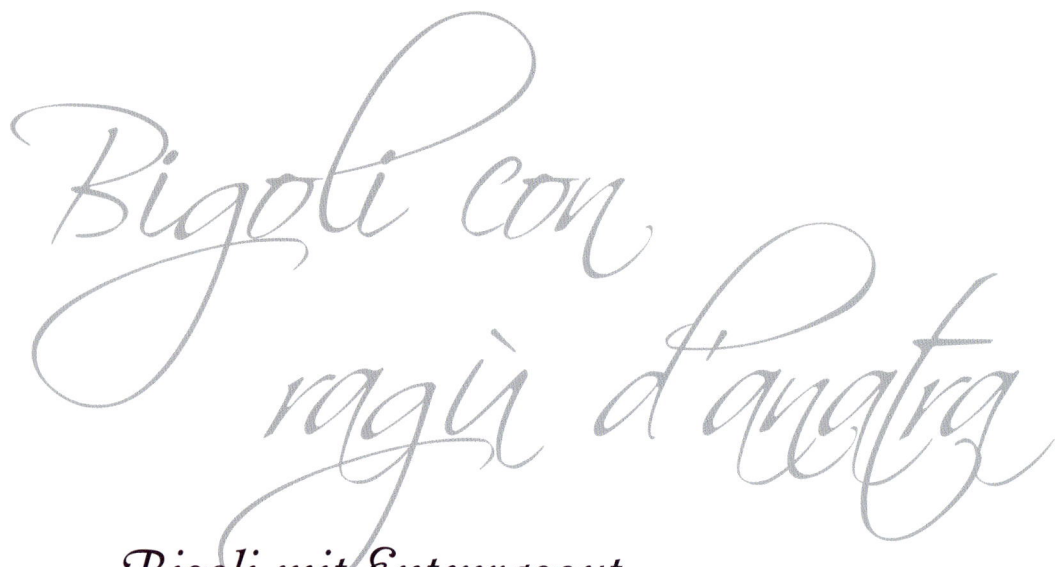

Bigoli mit Entenragout

je 2 Lorbeer- und Salbeiblätter
1/2 Bund Petersilie
9 EL Olivenöl
Entenknochen und Flügel für den Fond
Salz
2 mittelgroße Zwiebeln
1 Stange Sellerie
2 Möhren
1 Glas Rotwein
Saft von 1/2 Zitrone
250 g Entenfleisch
1 EL Tomatenpüree
1 Zweig Rosmarin
400 g Bigoli oder dicke Spaghetti

Für 4 Personen

1. Die Lorbeer- und Salbeiblätter halbieren. Die Petersilie waschen, trockentupfen und hacken.

2. In einem großen Topf 3 Esslöffel Öl erhitzen und die Entenknochen und Flügel darin kurz anbraten. Salz und die Kräuter dazugeben und 2–3 Liter Wasser aufgießen.

3. Die Zwiebeln abziehen, den Sellerie und die Möhren putzen, waschen und alles fein würfeln.

4. 3 Esslöffel Olivenöl in einer Pfanne erhitzen und die Hälfte der Gemüsewürfelchen darin anrösten. Mit einem halben Glas Rotwein und etwas Zitronensaft ablöschen. Diese Masse zu den Entenknochen geben und alles etwa 1 Stunde bei mittlerer Hitze köcheln lassen. Den dabei entstehenden Schaum immer wieder abschöpfen.

5. Das Entenfleisch in mundgerechte Stücke teilen. Das restliche Olivenöl in einer großen Pfanne erhitzen, das restliche Gemüse und das Entenfleisch darin anbraten. Mit dem restlichen Wein ablöschen und leise köcheln lassen. Nach etwa 5 Minuten das Tomatenpüree unterrühren und etwas Salz hinzufügen. Bei geschlossenem Deckel und schwacher Hitze köcheln lassen. Nach Bedarf etwas Brühe aufgießen, das Ragout soll schön weich-sämig werden.

6. Am Ende der Kochzeit den Rosmarinzweig hinzufügen und 15 Minuten mitkochen.

7. Die Brühe durch ein Sieb gießen und mit Salz abschmecken. Die Nudeln darin al dente kochen. Die Bigoli abgießen und abtropfen lassen. Mit dem Entenragout in der Pfanne vermengen und heiß servieren.

Info: Bigoli sind dicke Spaghetti mit einem Loch, sie sind etwas dünner als Maccheroni.

Von ihrem Butler notiert

Maria Callas und ihr Ehemann, Mailand 1955

Fisch, Risotti, Pasta und Gemüse, Kuchen und Desserts, die sie liebte

In den letzten Jahren ihres Lebens in Paris steckte die Sängerin die von ihr notierten Rezepte auch regelmäßig ihrem Majordomus und Chauffeur Ferruccio Mezzadri zu, dem Menschen, der zwanzig Jahre lang bis zum letzten Tage ihres Lebens der Künstlerin am nächsten und ihr völlig ergeben war.

Mezzadri erinnert sich: »Es war 1957 und ich hatte gerade meinen Militärdienst abgeleistet. Von der Signora Mascagni, der Tochter des berühmten Komponisten, empfohlen, stellte ich mich im Hause Meneghini-Callas vor und wurde sofort als Chauffeur eingestellt. Damals lebte sie noch mit ihrem Mann zusammen. Ich blieb dann bis zu ihrem Tod, dem 16. September 1977, bei ihr in ihrem Haus in Paris.«

Maria Callas während einer Pressekonferenz in Hamburg, 1973

Mezzadri sagt zu der Zeit mit ihr: »Es waren die besten Jahre meiner Jugend, ich habe wunderbare Erinnerungen. Die Lady gab mir immer gute Ratschläge, und mich und alle Personen, die für sie arbeiteten, behandelte sie freundlich und respektvoll.«

Privat

Gute Erinnerungen

Salmone alla Mugnaia

Lachs Müllerin Art

600 g kleine Kartoffeln
Salz
2 Zitronen
4 Lachsfilets à 150 g
Mehl
2 EL Olivenöl
Pfeffer, frisch gemahlen
50 g Butter
2 EL gehackte Petersilie

Für 4 Personen

1. Die Kartoffeln schälen und in Salzwasser in etwa 20 Minuten garen. Dann abgießen.

2. 1 Zitrone auspressen. 1 Zitrone vierteln. Die Lachsfilets von Gräten befreien und mit Zitronensaft beträufeln, dann vorsichtig mit Mehl bestäuben.

3. In einer großen Pfanne das Olivenöl erhitzen und die Filets bei mittlerer Hitze auf beiden Seiten etwa 5 Minuten braten, salzen und pfeffern. Herausnehmen, mit dem Bratfett beträufeln und warm stellen.

4. Etwas Butter in der Pfanne aufschäumen, aber nicht braun werden lassen, die Kartoffeln mit der Petersilie darin schwenken.

5. Die restliche Butter schmelzen und getrennt zu dem Lachs mit den Kartoffeln servieren. Mit den Zitronenvierteln garnieren.

Tipp: Als Beilage schmeckt am besten junger Spinat, der in etwas Butter, gedünsteteten Zwiebeln und Knoblauch sautiert wird.

Maria Callas nach dem ersten Konzert ihrer Europatournee mit Giuseppe di Stefano, Hamburg 1970

Cozze alla Marinara

Miesmuscheln nach Fischerinnen Art

2 kg Miesmuscheln
4–6 Schalotten
1 Bund Petersilie
einige Zweige Rosmarin und Salbei
2 EL Olivenöl
300 ml Weißwein
schwarzer Pfeffer, frisch gemahlen

Für 4 Personen

1. Die Muscheln unter fließendem Wasser gründlich bürsten und entbarten, offene Muscheln wegwerfen. Die Schalotten abziehen und hacken. Die Kräuter waschen, die Blättchen oder Nadeln abzupfen und hacken.

2. In einer großen, tiefen Pfanne oder einem Topf das Öl erhitzen, die Schalotten und die Kräuter darin anbraten. Die Muscheln und den Wein dazugeben, kochen lassen und den Deckel aufsetzen. Den Topf hin und wieder kräftig rütteln.

3. Sobald sich die Miesmuscheln geöffnet haben, den Topf vom Herd nehmen. Die Muscheln mit Pfeffer würzen und mit der Brühe servieren.

Am besten passt frisches Baguette oder toskanisches Weißbrot dazu.

Von Ferruccio Mezzadri handgeschriebene und liebevoll verzierte Rezepte.

Ravioli di pesce fresco

Ravioli mit Krabben-Seezungen-Füllung

300 g Krabbenfleisch (Gamberetti)
300 g Seezungenfilet
2 Eigelbe
Salz
Pfeffer, frisch gemahlen
600 g Pastateig
1 EL grob gehackter frischer Salbei
1 EL Olivenöl
50 g Butter
250 g Sahne
2 EL Parmesan, frisch gerieben

Für 6–8 Personen

1. Die Krabben säubern, das Seezungenfilet waschen, trockentupfen. Beides durch den Wolf drehen. Mit den Eigelben vermengen, mit Salz und Pfeffer würzen.

2. Den Pastateig ausrollen und teilen. Auf eine Hälfte die Füllung in gleichmäßigen Abständen verteilen. Die Zwischenräume mit Wasser bestreichen. Die zweite Hälfte darüber legen und Vierecke ausschneiden. Die Kanten der Ravioli zusammendrücken.

3. Die Ravioli in viel kochendem Salzwasser in etwa 7–10 Minuten garen.

4. Die Salbeiblätter in Öl und der Hälfte der Butter knusprig frittieren.

5. In einer Pfanne die restliche Butter und die Sahne erhitzen, würzen, etwas einkochen lassen und die gekochten Ravioli hineingeben. Die Ravioli mit Parmesankäse und den frittierten Salbeiblättern servieren.

Dieses wunderbare Gericht, die Ravioli mit Krabben-Seezungen-Füllung, schmeckt am allerbesten, wenn sie mit selbst gemachtem Teig zubereitet werden.

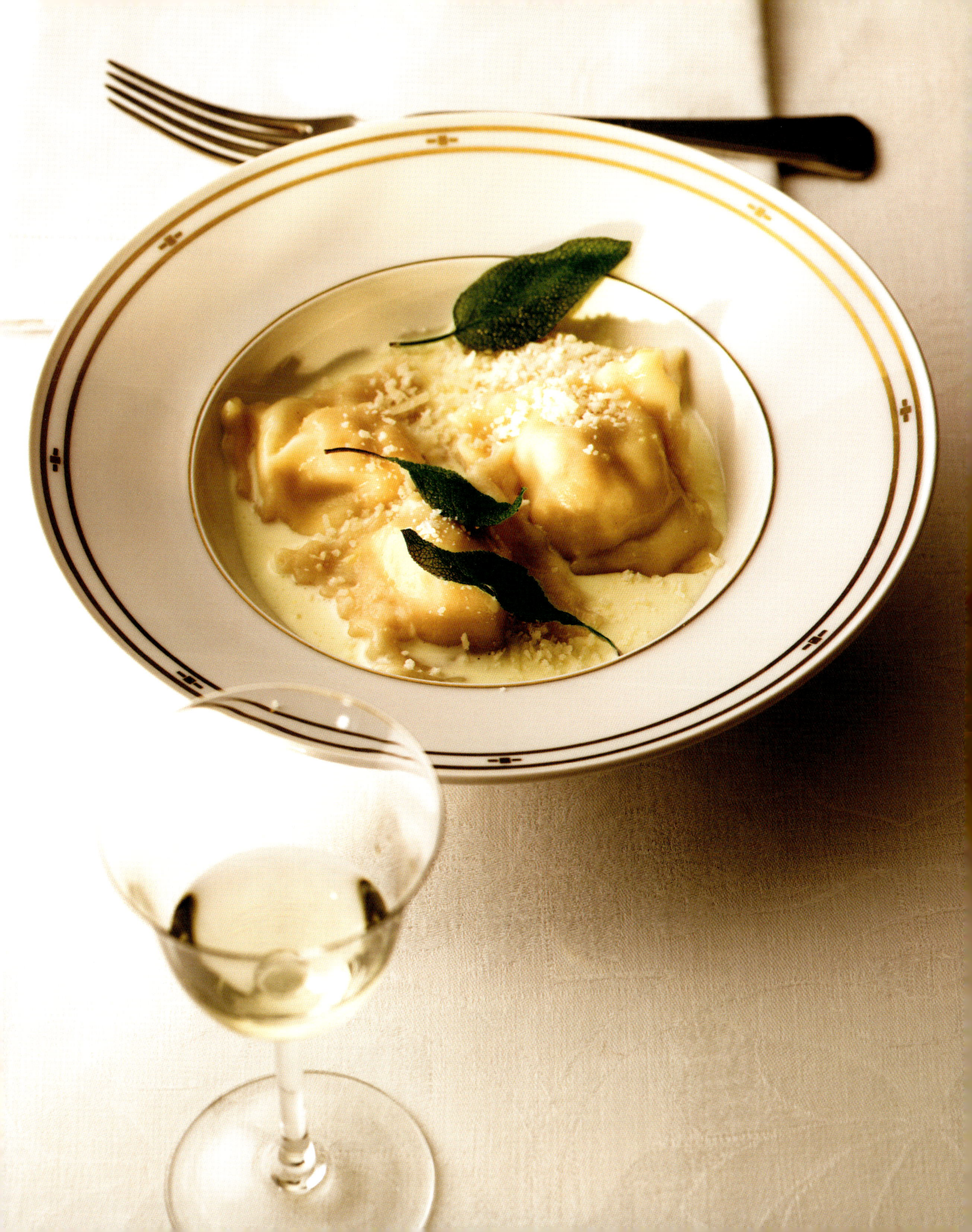

Risotto al Gorgonzola

Risotto mit Gorgonzola

1 kleine Zwiebel
1 l Gemüse- oder Geflügelbrühe
75 g Gorgonzola
50 g Butter
250 g Vialone- oder Arborio-Reis
1 Glas trockener Weißwein
3 EL Parmesan, frisch gerieben
Salz, schwarzer Pfeffer, frisch gemahlen

Für 4–6 Personen

1. Die Zwiebel abziehen und fein hacken. Die Brühe zum Kochen bringen. Den Gorgonzola in kleine Würfel schneiden.

2. Die Butter in einem weiten Topf erhitzen und die Zwiebelwürfelchen darin andünsten. Sobald sie glasig sind, den trockenen Reis hinzufügen und unter Rühren ebenfalls anschwitzen, die Reiskörner sollen ebenfalls leicht glasig sein. Dann mit Weißwein ablöschen und unter Rühren komplett verdunsten lassen.

3. Von der heißen Brühe etwa 1/4 Liter zugießen und den Reis bei mittlerer Hitze unter ständigem Rühren kochen. Sobald die Flüssigkeit vom Reis aufgenommen wurde, die restliche Brühe angießen. Die Hitze reduzieren und das Risotto köcheln lassen. Dabei immer wieder mit einem Holzlöffel umrühren.

4. Nach etwa 25 Minuten Kochzeit den Gorgonzola unterheben. Rühren, bis sich der Käse aufgelöst hat. Dann den geriebenen Parmesan unterziehen und das Risotto mit Salz und Pfeffer abschmecken, heiß servieren.

Risotto alle mele

Risotto mit Äpfeln

2 mittelgroße säuerliche Äpfel
1 Zwiebel
30 g Butter
350 g Rundkornreis
100 ml trockener Weißwein
1 l heiße Fleischbrühe
Zimt, gemahlen
Salz

Für 6 Personen

1. Die Äpfel schälen, entkernen und in kleine Würfel schneiden. In einem Topf knapp mit Wasser bedeckt 5 Minuten köcheln lassen.

2. Die Zwiebel abziehen und ebenfalls würfeln. In einem weiten Topf die Butter erhitzen und die Zwiebel darin glasig werden lassen, sie dürfen dabei keine Farbe annehmen. Dann den Reis hinzufügen und nach kurzer Zeit mit Weißwein ablöschen und unter Rühren komplett verdunsten lassen.

3. Etwas heiße Brühe zugießen, die Hitze reduzieren und die Flüssigkeit unter Rühren einkochen lassen. Nach und nach Brühe zugeben, bis der Reis gar ist.

4. Zwei Minuten vor Ende der Kochzeit den Zimt und die Apfelstücke mit der Kochflüssigkeit unter den Risotto rühren. Mit etwas Salz abschmecken.

Timballo di riso alla Napoletana

Reisauflauf auf neapolitanische Art

2 Scheiben altes Weißbrot
Milch
200 g Rinderhack
Salz, schwarzer Pfeffer
Butter
Mehl
Olivenöl
1 rote Zwiebel
100 g Schinkenspeck
2 Tomaten

50 g getrocknete Steinpilze
1 Knoblauchzehe
1 Bund Petersilie
1 EL Tomatenmark
1 l Gemüsebrühe
150 g Hühnerklein
2 Mettwürstchen
150 g Erbsen, frisch oder tiefgefroren

200 g Büffel-Mozzarella
250 g Arborio-Reis
100 g Parmesan, frisch gerieben
3 Eier
Béchamelsauce (Seite 29)
1 EL Semmelbrösel

Für 4 Personen

1. Das Weißbrot in Milch einweichen, ausdrücken und mit dem Rinderhack, Salz, Pfeffer und wenig Butter gut vermengen. Fleischbällchen formen, in Mehl wenden und in Öl goldbraun braten, abtropfen lassen.

2. Die Zwiebel abziehen und würfeln. Die Fettschicht vom Speck und die mageren Abschnitte würfeln. Die Tomaten entkernen und würfeln. Die Pilze einweichen. Die Knoblauchzehe abziehen und mit der Petersilie hacken.

3. Die Zwiebel- und Speckwürfel anbraten. Tomaten und das Tomatenmark zugeben, bei schwacher Hitze 40 Minuten köcheln lassen.

4. Die Pilze ausdrücken, in wenig Butter andünsten, mit heißer Brühe ablöschen.

5. Das Hühnerklein waschen, salzen, pfeffern und anbraten. Die Würstchen in Stücke schneiden und ebenfalls anbraten.

6. In einer Pfanne Öl erhitzen, die Erbsen, den Knoblauch und die Petersilie darin andünsten. Etwas Wasser angießen, die Schinkenwürfel zugeben, salzen, pfeffern, köcheln lassen.

7. Die gegarte Zwiebel-Tomatensauce mit den Hähnchen- und Wurststückchen und den Erbsen vermischen und nochmals erhitzen. Den abgetropften Mozzarella würfeln.

8. Den Reis in Butter andünsten, bis er glasig ist, nach und nach Brühe aufgießen. Etwa 20 Minuten köcheln lassen. 3 Esslöffel Parmesan unterziehen, zuletzt 3 Eier einrühren.

9. Den Backofen auf 180 °C vorheizen. Eine gefettete hohe Auflaufform mit Semmelbröseln ausstreuen, mit dem Reis auskleiden, 5 Esslöffel davon aufbewahren.

10. Nun abwechselnd Béchamelsauce, die Hähnchen-Wurst-Erbsenmischung und den Mozzarella einschichten. Mit dem restlichen Reis bedecken und glatt streichen. Mit Semmelbröseln bestreuen.

11. Den Auflauf auf der mittleren Schiene des vorgeheizten Backofens etwa 10 Minuten überbacken. Die Oberfläche sollte leicht braun werden.

Pasta con le sarde alla Palermitana

Pasta mit Sardinen palermitaner Art

1 Fenchelknolle mit Grün (300 g Fenchelblätter)
500 g frische Sardinen
5 Sardellenfilets
40 g Rosinen
1 Tütchen Safran
1 große Zwiebel
5 EL Olivenöl extra vergine
30 g Pinienkerne
400 g Nudeln – Bucatini
Salz und schwarzer Pfeffer, frisch gemahlen
40 g ungeschälte, gehackte Mandeln

Für 6 Personen

1. Den Fenchel und das Grün waschen, putzen, zerkleinern und kurz blanchieren, mit einer Schöpfkelle herausnehmen und mit eiskaltem Wasser abschrecken und abkühlen lassen. Das Kochwasser aufbewahren.

2. Die Sardinen ausnehmen, die Köpfe entfernen, waschen und trockentupfen.

3. Die Sardellenfilets wässern, säubern und zerdrücken. Die Rosinen in Wasser einweichen, die Safranfäden in etwas Wasser auflösen. Die Zwiebel abziehen und klein hacken.

4. Das Olivenöl in einer Pfanne erhitzen. Die Hälfte der zerdrückten Sardellenfilets, die ausgedrückten Rosinen und die Pinienkerne zugeben, anbraten und das Safranwasser unterrühren. Köcheln lassen, mit Salz und Pfeffer abschmecken.

5. Den blanchierten Fenchel grob schneiden und zu der Sauce geben und etwa 10 Minuten bei schwacher Hitze kochen lassen, dabei mehrmals umrühren.

6. Die Pasta im Kochwasser des Fenchels knapp al dente kochen. Dann die restlichen zerdrückten Sardinen dazugeben und die Bucatini noch einmal kurz aufkochen lassen.

7. Die Nudeln abgießen und mit der Sauce vermischen, nach Geschmack mit Salz und Pfeffer nachwürzen. Kurz ziehen lassen. Mit den zerkleinerten Mandeln bestreuen und möglichst heiß servieren.

Ein grüner Salat passt am besten dazu.

Ribollita

Toskanische Gemüsesuppe

2 rote Zwiebeln
100 g durchwachsener Speck
Olivenöl
5 große Tomaten
1 Stange Sellerie
2 Möhren
2 Zucchini
1 Stange Lauch
3 Kartoffeln
4–5 Blätter Grünkohl oder Wirsing
1/2 Weißkrautkopf
1 l Gemüsebrühe
500 g gegarte Cannellinibohnen
Salz und schwarzer Pfeffer, frisch gemahlen
toskanisches Weißbrot vom Vortag

Für 6 Personen

1. Die Zwiebeln abziehen und hacken. Den Speck würfeln. 5 Esslöffel Olivenöl in einem Topf erhitzen und die Zwiebeln mit dem Speck braten.

2. Die Tomaten und alle Gemüse waschen, in kleine Stücke schneiden und zu den Zwiebeln geben. 3/4 Liter Brühe zufügen, salzen und pfeffern. Alles etwa 30 Minuten bei mittlerer Hitze köcheln, immer wieder umrühren. Bei Bedarf noch etwas Brühe aufgießen.

3. Zwei Drittel der gekochten Bohnen mit etwas Brühe passieren. Die ganzen und die passierten Bohnen zur Suppe geben und weitere 30 Minuten mitköcheln lassen. Mit Salz und Pfeffer abschmecken.

4. Das Brot in Scheiben schneiden, toasten und abwechselnd mit der Suppe in einen großen Topf schichten. Nochmals 5 Minuten leise köcheln lassen, ohne umzurühren. Das Brot sollte sich nicht auflösen. Die Suppe auf Teller verteilen und mit dem restlichen Olivenöl beträufelt servieren.

Maria Callas und Antonio Ghiringhelli, Intendant der Mailänder Scala, nach der Aufführung von »Ein Maskenball« im Restaurant Biffi-Scala, Mailand 1956

Pizza

Pizza Grundrezept

10 g Hefe
1 Prise Zucker
Wasser
etwa 200 g Mehl
1/4 TL Salz
Tomatenmark
Belag nach Belieben

Für 2 Personen

Für 1 Backblech

1. In einer Schüssel die Hefe mit dem Zucker und 2 Esslöffeln lauwarmem Wasser verrühren. 2 Esslöffel Mehl untermischen und diesen Vorteig zugedeckt so lange gehen lassen, bis er deutlich aufgegangen ist.

2. Das restliche Mehl auf ein Backbrett sieben, mit dem Salz mischen, eine Mulde bilden und den Vorteig in die Mulde geben. Mit etwa 1/8 Liter Wasser einen glatten Teig kneten. Mit einem Tuch bedeckt nochmals mindestens 1 Stunde gehen lassen, bis sich das Teigvolumen verdoppelt hat.

3. Den Teig erneut kräftig durchkneten und ausrollen. Auf ein mit Öl gefettetes Backblech legen, flachdrücken, den Rand etwas hochziehen.

4. Den Teigboden mit Tomatenmark bestreichen, dann nach Belieben und Geschmack mit geschälten Tomaten, Mozzarella, Parmaschinken, Pilzen, Oliven oder Artischocken belegen und mit Gewürzen wie Oregano, Basilikum oder Thymian bestreuen.

Maria Callas in Bellinis »Il Pirata«, 1957

Pasta frolla

Mürbteig Grundrezept

200 g Mehl
50 g Zucker
100 g kalte Butter
1 Prise Salz
1 Eigelb
abgeriebene Schale von
1 unbehandelten Zitrone

Für 1 Springform von 28 cm Ø

1. Das Mehl auf eine Arbeitsplatte sieben, zusammenschieben und in die Mitte eine Mulde drücken. Den Zucker, die Butter in Flöckchen, das Salz und das Eigelb zugeben.

2. Mit möglichst kalten Händen schnell zusammenkneten – darauf achten, dass der Teig nicht warm wird.

3. Falls der Teig noch etwas bröselt, 1 bis 2 Esslöffel eiskaltes Wasser unterkneten. Die geriebene Zitronenschale dazugeben und weiterkneten, bis ein kompakter Teig entsteht.

4. In Frischhaltefolie wickeln und vor der Weiterverarbeitung etwa 1 Stunde kühl stellen.

Info: Das nebenstehende Rezept hat ihr Butler Mezzadri notiert. Die Mengenangaben galten für wesentlich mehr Kuchen.

Von Ferruccio Mezzadri handgeschriebene und liebevoll verzierte Rezepte.

Torta mia

»Mein Kuchen«

4 Eier
150 g Zucker
1/8 l warme Milch
200 g Mehl
1 gehäufter TL Backpulver
1 Prise Salz
Vanillemark aus einer 1/2 Schote

Für 1 Springform von 28 cm Ø

1. Die Eier trennen. Die Eiweiße zu Schnee schlagen. Wenn sie anfangen steif zu werden, die Hälfte des Zuckers einrieseln lassen, dann weiterschlagen, bis die Masse schön fest ist.

2. In einer Rührschüssel die Eigelbe mit dem restlichen Zucker schlagen, bis die Masse hellgelb und cremig ist. Dann langsam die lauwarme Milch zufügen. Das Mehl sieben und nach und nach mit dem Backpulver und der Prise Salz unterrühren. So lange weiterschlagen, bis sich alle Zutaten gut vermengt haben. Den Backofen auf 180 °C vorheizen.

3. Zuletzt den Eischnee mit einem Schneebesen sehr vorsichtig unterheben.

4. Von der Tortenform nur den Boden, nicht die Ränder (der Teig geht sonst nicht auf) mit Butter einfetten, den Teig einfüllen. Auf der mittleren Schiene des Backofens etwa 50 Minuten backen, bis der Teig goldbraun und gut aufgegangen ist.

5. Den Kuchen in der Form auskühlen lassen. Dann mit einem Messer vorsichtig vom Rand lösen und den Kuchen aus der Form nehmen.

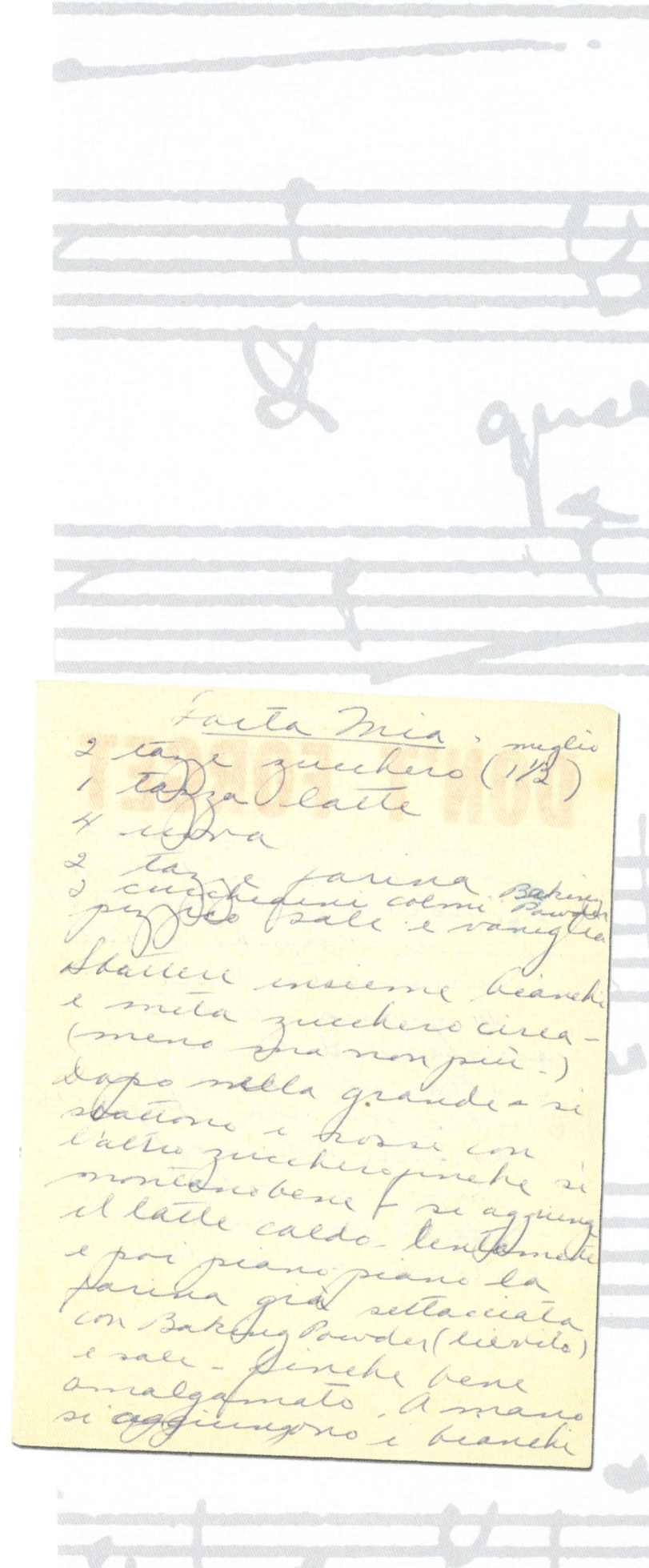

Torta al cioccolato

Schokoladenkuchen

100 g Bitterschokolade
200 g Sahne
2 Eier
2 EL Zucker
Mürbteig (Seite 71)

Für 1 Springform von 28 cm Ø

1. Die Schokolade zerbröckeln und bei schwacher Hitze in der Sahne auflösen.

2. Die Eier mit dem Zucker zu einer cremigen Masse schlagen, zur Schokoladenmasse geben und gut verrühren. Den Backofen auf 180 °C vorheizen.

3. Den vorbereiteten Mürbteig sorgfältig ausrollen und in die gefettete Form geben und die Schokoladenmasse einfüllen, glatt streichen. Den Kuchen auf der mittleren Schiene des Ofens etwa 1 Stunde backen.

Ferruccio Mezzadri erinnert sich:
Maria Callas mochte den Schokoladekuchen sehr gerne – am liebsten, wenn der Teig schön knusprig und die Füllung schön weich war. Aber natürlich nahm sie höchstens ein Bröckchen davon.

Tipp: Verwendet werden können viele Kürbissorten, am besten geeignet ist allerdings der Hokkaido-Kürbis.

Torta di zucca amara

Kürbistorte mit Amaretti

1 kg Kürbisfleisch
1/2 l Milch
200 g Schokolade
200 g Amaretti
1 kleines Glas Cognac
Mürbteig (Seite 71)

Für 1 Springform von 28 cm Ø

1. Das Kürbisfleisch raspeln und die Flüssigkeit herauspressen, die Masse soll nur noch 300 Gramm wiegen. In der Milch so lange kochen, bis die Masse cremig ist.

2. Die Schokolade zerbröckeln und zur Kürbismasse geben. Die Amaretti zerdrücken. Eine Hälfte davon zusammen mit dem Cognac in die Kürbismasse rühren. Den Backofen auf 180 °C vorheizen.

3. Den Mürbteig sorgfältig ausrollen und in die gefettete Form geben. Den Boden mit den restlichen Amaretti bestreuen. Die Kürbismasse einfüllen.

4. Den Kuchen auf der mittleren Schiene in etwa 50 Minuten goldgelb backen.

Torta alle pere

Birnenkuchen mit Blätterteig

4–5 große Williamsbirnen
1 EL Zitronensaft
350 g Blätterteig
150 g Amaretti
125 g Zucker
125 g gemahlene Mandeln
400 g Vanillesauce (Seite 88)

Für 10 bis 12 Stücke

1. Die Birnen schälen, entkernen und in dünne Spalten schneiden. Mit dem Zitronensaft beträufeln.

2. Den Blätterteig ausrollen und auf ein angefeuchtetes Blackblech legen. Mit Backpapier und Hülsenfrüchten bedecken und etwa 10 Minuten blind backen. Papier und Hülsenfrüchte entfernen. Den Backofen auf 180 °C vorheizen.

3. Die Amaretti mit einem Rollholz zerbröseln, mit dem Zucker und den gemahlenen Mandeln mischen. Den Blätterteigboden mit wenig von dieser Masse bestreuen, dann die Birnenspalten darauf verteilen. Die restliche Amaretti-Mandel-Masse über den Birnen verteilen.

4. Den Kuchen auf der mittleren Schiene des Backofens etwa 30 Minuten backen, bis die Ränder gebräunt sind und der Zucker etwas karamellisiert ist.

Den Kuchen noch warm mit der Vanillesauce servieren.

Torta caramellata

Karamellisierter Obstkuchen

250 g Mehl
1 Prise Salz
2 EL Zucker
150 g kalte Butter
1 Eigelb
1 kg Birnen, Pfirsiche oder Aprikosen
abgeriebene Schale von 2 Zitronen
100 g Puderzucker

Für 1 Tarteform mit 30 cm Ø

1. Aus dem Mehl, dem Salz, dem Zucker, 100 Gramm Butter und dem Eigelb wie auf Seite 71 beschrieben einen Mürbteig kneten.

2. Das Obst waschen und in Spalten schneiden. Mit der Zitronenschale vermengen.

3. Die restliche Butter in der Tarteform auf einer Herdplatte bei schwacher Hitze schmelzen, den Puderzucker unterrühren, bis er flüssig ist. Das Obst hinzufügen und vorsichtig rühren, bis das Obst karamellisiert ist. Abkühlen lassen.

4. Den Mürbteig ausrollen und über das Obst legen, die Teigränder nach innen festdrücken. Im Backofen bei 220 °C braun backen. Auskühlen lassen. Den Rand lösen und den Kuchen stürzen. Lauwarm servieren.

Torta giamaica alle fragole

Jamaikatorte mit Erdbeeren

Für den Teig:
250 g Butter
200 g Zucker
250 g Mehl
1/2 Päckchen Backpulver
5 Eier

Für die Füllung:
4 Gelatineblätter
3 EL Kartoffelmehl
500 ml Milch
2 EL Zucker
6 EL Jamaika-Rum
500 ml Sahne
300 g Erdbeeren

Für 1 Springform von 28 cm Ø

Der Teig

1. Den Backofen auf 200 °C vorheizen.

2. Die Zutaten für den Rührteig gründlich verrühren, bis eine glatte Masse entsteht.

3. Den Teig auf einem Backblech gleichmäßig verteilen. Den Kuchen auf der mittleren Schiene des Backofens etwa 12 Minuten backen.

Ferruccio Mezzadri erinnert sich:
»Manchmal ist mir der Kuchen sehr gut gelungen. Deshalb habe ich zu der Signora gesagt: Ich bin kein gelernter Koch, aber manchmal gelingt er mir doch sehr gut.«

Die Füllung

1. Die Gelatineblätter in kaltem Wasser einweichen. Das Kartoffelmehl zunächst mit wenig Milch glattrühren, dann in die restliche Milch geben und zum Kochen bringen. Den Zucker und den Rum hinzufügen.

2. Die Gelatineblätter ausdrücken, in wenig heißem Wasser gut auflösen und zu der Milch geben. Gut verrühren, einmal kurz aufkochen, dann etwas abkühlen lassen.

3. Die Sahne steif schlagen und unter die Milchcreme heben. Die Creme erkalten lassen.

4. Die Erdbeeren putzen und halbieren. Etwa 2/3 der Erdbeeren unter die Creme heben. Wenn sie anfängt fest zu werden, auf den gebackenen Kuchen streichen. Mit den restlichen halbierten Erdbeeren belegen. Mindestens zwei Stunden kalt stellen, bis die Crememasse ganz fest geworden ist.

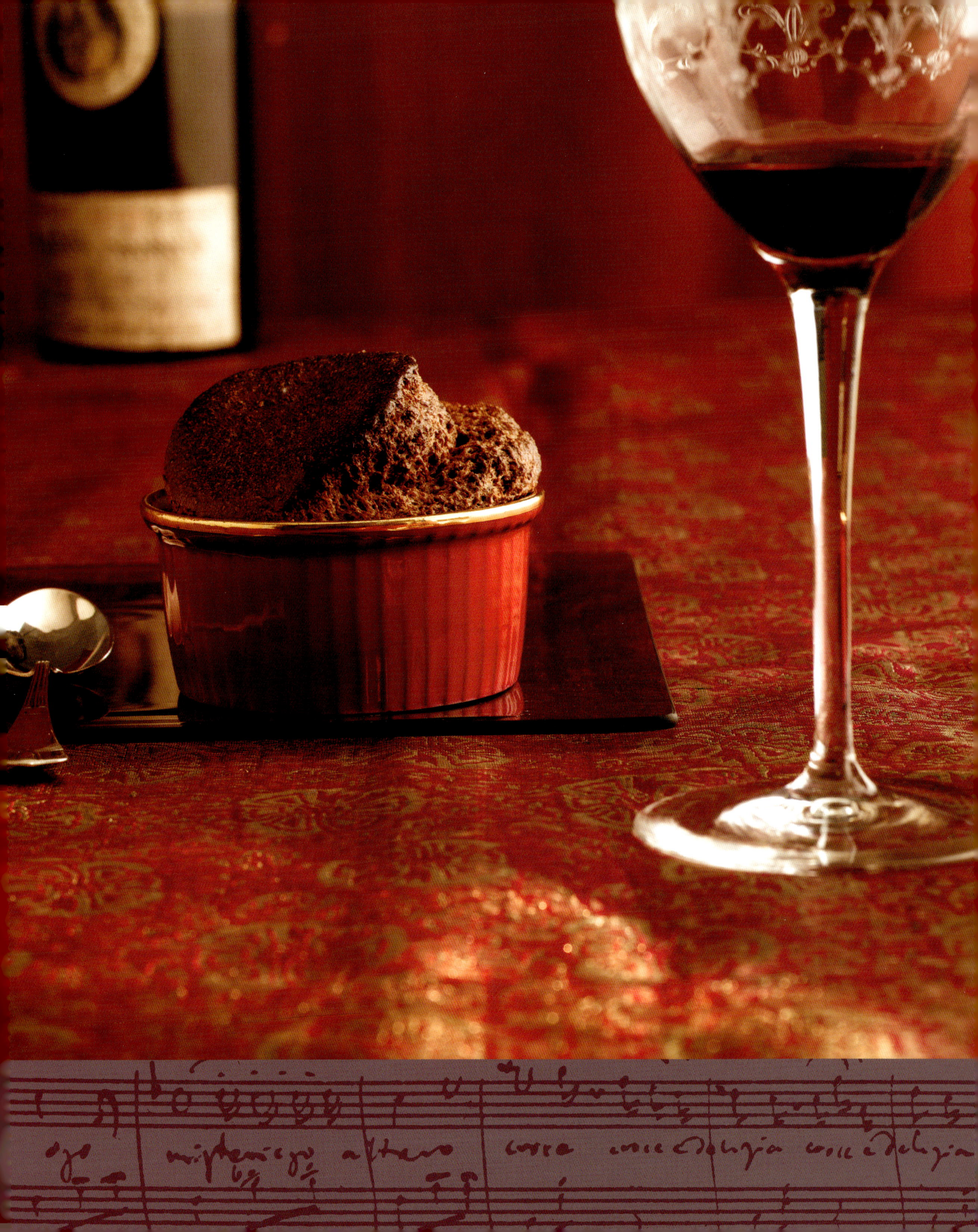

Soufflé di cioccolato

Schokoladensoufflé

6 Eier
2 EL Zucker
20 g sehr weiche Butter
50 g Schokoladenpulver
2 EL Mehl
500 g Milch

Für 4 Personen

1. Die Eier trennen. Die Eiweiße kalt stellen.

2. Die Eigelbe mit dem Zucker cremig schlagen. Die Butter, das Schokoladenpulver, das Mehl und die Milch gut unterrühren.

3. Die Eiweiße steif schlagen und den Eischnee vorsichtig unter die Masse heben. Den Backofen auf 180 °C vorheizen.

4. Vier Souffléförmchen von 8–10 cm Ø einfetten und mit etwas Zucker ausstreuen, die Soufflémasse einfüllen.

5. Auf der mittleren Schiene im Backofen etwa 25 Minuten backen, bis die Soufflés schön aufgegangen sind.

Ferruccio Mezzadri erinnert sich:
Dieses Soufflé mit allen erdenklichen Saucen gelang mir immer sehr gut und ich war sehr glücklich darüber. Maria Callas wünschte sich das Soufflé oft auch herzhaft mit Käse oder Schinken.

Ein Schokoladensoufflé, wie es sein soll. Locker, schön aufgegangen und mit einem appetitlichen Häubchen.

Tipp: Damit das Soufflé ungestört aufgehen kann, darf die Backofentür während der Backzeit auf keinen Fall geöffnet werden.

Gelato di pesca

Pfirsicheis

1,5 kg reife Pfirsiche
60 ml Wasser
50 g Zucker
1/2 Zitrone

Für 6 Personen

1. Die Pfirsiche blanchieren, häuten, die Kerne entfernen und die Früchte in Stücke schneiden.

2. Diese Stücke mit dem Wasser, dem Zucker und dem Saft von der Zitrone gut mixen. Die Masse dann in das Gefrierfach stellen.

3. Des Öfteren umrühren, damit sich keine Eisklümpchen bilden, bis das Eis ganz fest ist.

*Leben &
Reisen*

welt

Maria Callas bei ihrer Ankunft auf dem
Hamburger Flughafen, 1962

weit

Luxusleben auf der Christina

Maria Callas mit Fürst Rainier und Fürstin Grazia in Palermo, September 1970

Maria Callas im Pool der Christina, 1965

Maria Callas mit Onassis und Elsa Maxwell in Venedig, 1957

Auf der Christina, v. l.: Onassis, Emanuele Jacchia, Maria Callas und ihr Mann, 1959

Bei einem großen Empfang, den Elsa Maxwell am 3. September 1957 im Hotel Danieli in Venedig gab, begegneten sich Rubinstein, seine Frau Nela und Maria Callas zum ersten Mal; bei diesem Fest waren die erlauchtesten Namen des venezianischen Adels und des internationalen Jetsets anwesend. Vor allem für die Divina war es ein wirklich unvergessliches Erlebnis, war es doch bei diesem Empfang, dass sie die Bekanntschaft des griechischen Reeders Aristoteles Onassis machte. Ein schicksalhaftes Ereignis, das ihr Leben vollkommen verändern sollte.

Ende August des Jahrs 1958, bei einem Fest, das von Emanuela Castelbarco in deren Haus in Venedig veranstaltet wurde, traf die Callas Aristoteles Onassis erneut. Die Gastgeberin war die Nichte des berühmten Dirigenten Arturo Toscanini. Während sich die weltberühmte Griechin und der gleichermaßen berühmte Grieche bei ihrem Treffen im Hotel Danieli damals nur kurz begrüßt, ansonsten aber ignoriert hatten, kamen sie sich bei diesem Anlass näher, und Onassis lud die Callas zu einer Kreuzfahrt an Bord seiner Christina für den folgenden Sommer ein.

Am 28. September 1959 informierte die Callas die Presse über ihre Scheidung und erklärte: »Zwischen mir und Onassis besteht nur eine tiefe Freundschaft.«

Das Ehepaar Rubinstein trafen Maria Callas und ihr Ehemann erneut nach der Premiere der *Medea* in Covent Garden in London (17. Juni 1959).

Während eines großen Festmenüs für mehr als hundert illustre Gäste, das Onassis im Restaurant des Luxushotels Dorchester gab, um damit die Protagonistin des Meisterwerks von Cherubini zu ehren, lud der griechische Reeder sie ein zweites Mal zu einer Kreuzfahrt mit der Christina ein.

Die Callas war so überwältigt von dem rauschenden Empfang, der ihr zu Ehren in der britischen Hauptstadt bereitet wurde, dass sie schließlich, auch von ihrem Gatten dazu ermuntert, ihre ursprüngliche Unsicherheit überwand und sich entschloss, die Einladung anzunehmen.

Maria Callas und Aristoteles Onassis, die berühmte griechische Sängerin und der reiche griechische Reeder, fanden viel Übereinstimmung in ihren Lebenswegen und glaubten möglicherweise, ihr Zusammentreffen sei vorherbestimmt. Beide in ärmlichen Verhältnissen aufgewachsen, hatten sie viele Kämpfe austragen müssen, um zu erreichen, was sie schließlich erreichten: Ruhm und Reichtum.

Der griechische Reeder Aristoteles Onassis zählte zu den herausragendsten Wirtschaftspersönlichkeiten nach dem Zweiten Weltkrieg. Als Lebemann und Tankerkönig wurde er zum reichsten Menschen der Welt. Seine luxuriöse Yacht war Treffpunkt der Reichen und Mächtigen, von Winston Churchill bis Fürstin Grazia Patrizia von Monaco.

Insalata di Carpaccio marinato

Meeresfrüchte-Carpaccio

150 g Seebarschfilet
6 geschälte Riesengarnelen
1 kleine Schalotte
einige kleine Kapern
Salz und weißer Pfeffer, frisch gemahlen
Saft von 1 Zitrone
2 EL weißer Aceto Balsamico
4 EL Olivenöl extra vergine
wenige Blättchen Oregano und Petersilie, gehackt

Für 2 Personen

1. Das Filet waschen und trockentupfen und wie die Riesengarnelen in sehr dünne Scheiben schneiden.

2. Die Schalotte abziehen und ebenfalls in sehr dünne Ringe schneiden.

3. Die Fischscheibchen auf zwei Tellern schön verteilen, mit den Schalottenringen und den Kapern bestreuen.

4. Aus Salz, Pfeffer, Zitronensaft, Aceto Balsamico und Olivenöl eine Sauce rühren, über dem Carpaccio verteilen. Mit den gehackten Kräuterblättchen bestreuen.

Vor dem Servieren möglichst zwei Stunden durchziehen lassen.

Maria Callas und Onassis, Palma de Mallorca 1960

Insalata di Carpaccio »Mario«

Carpaccio »Mario«

200 g Rinderlende
(Mittelstück, ohne Sehnen und Fett)
8 EL Olivenöl extra vergine
50 g Parmesan am Stück
schwarzer Pfeffer, grob und frisch gemahlen
Saft von 1 Zitrone
evtl. Salz
etwas Rucola

Für 4 Personen

1. Die Rinderlende in Folie gewickelt im Tiefkühlfach kurz anfrieren lassen.

2. Vier Essteller mit etwas Olivenöl bestreichen. Die Rinderlende mit einem sehr scharfen Messer in dünne, fast durchscheinende Scheiben schneiden. Auf den Tellern verteilen.

3. Den Parmesan in dünne Scheibchen hobeln und über dem Fleisch verteilen, mit dem Pfeffer und dem Zitronensaft würzen, evtl. salzen. Das restliche Olivenöl über dem Fleisch verteilen und die Teller mit zerteilten Rucolablättchen garnieren.

Maria Callas nach dem Konzert in Hamburg, 1962

Spaghetti frutti di mare

Spaghetti mit Meeresfrüchten

1 Schalotte
1 Knoblauchzehe
1 Peperoncino
1/2 Bund Petersilie
6 Miesmuscheln
200 g Venusmuscheln (Vongole)
100 g Tintenfisch, küchenfertig
4 Garnelen
4 Datteri di mare (Seedatteln)
4 EL Olivenöl extra vergine
1 Glas Weißwein
100 ml Fischfond
Salz und Pfeffer, frisch gemahlen
200 g Spaghetti

Für 4 Personen als Vorspeise

1. Schalotte und Knoblauch abziehen und sehr fein würfeln. Den Peperoncino putzen, waschen und in feine Ringe schneiden, die Kerne sorgfältig entfernen. Die Petersilie waschen und die Blättchen hacken.

2. Alle Muscheln gründlich waschen, bürsten und entbarten. Den Tintenfisch in Ringe schneiden. Die Garnelen waschen und abtropfen lassen. Die Seedatteln gründlich waschen.

Tipp: Datteri di Mare können gut durch große Venusmuscheln (Vongole verace) ersetzt werden.

3. In einer ausreichend großen tiefen Pfanne das Öl erhitzen. Die Zwiebel- und Knoblauchwürfel darin andünsten, sie sollen aber nicht braun werden.

4. Den Weißwein und den Fischfond hinzufügen, kurz aufkochen lassen, mit Salz und Pfeffer würzen. Die Meeresfrüchte in die Flüssigkeit geben und etwa 7–10 Minuten kochen.

5. In der Zwischenzeit in reichlich Salzwasser die Spaghetti al dente kochen. Abgießen, abtropfen lassen und mit den gegarten Meeresfrüchten in der Pfanne mischen. Auf vorgewärmten Tellern anrichten und mit der Petersilie bestreut sehr heiß servieren.

Eines der beliebtesten Pastarezepte: Spaghetti mit Meeresfrüchten. Dank der vielen Sorten, die der Markt an Muscheln bietet, lässt sich das Gericht immer wieder variieren.

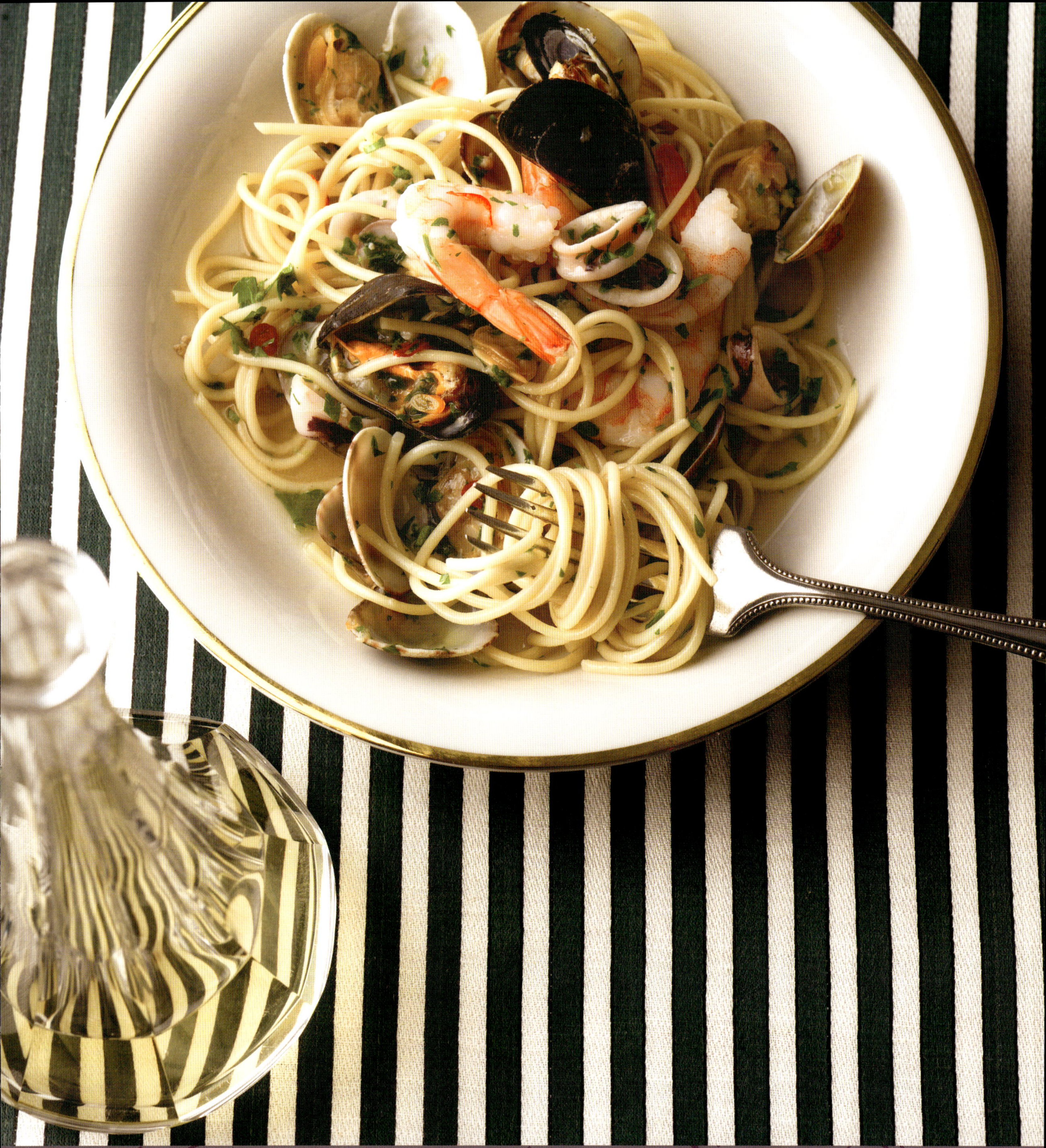

Zuppa di datteri

Suppe mit Seedatteln

2 Knoblauchzehen
1 mittelgroße Zwiebel
4 mittelgroße Tomaten
1 Bund Petersilie
4 EL Olivenöl extra vergine
1 Glas Weißwein
200 g Fleisch von Seedatteln (datteri di mare), ersatzweise Miesmuscheln
1 Prise Chilipulver
Salz
schwarzer Pfeffer, frisch gemahlen

Für 2 Personen

1. Die Knoblauchzehe und die Zwiebel abziehen und fein würfeln. Die Tomaten enthäuten und ebenfalls fein würfeln. Die Petersilie waschen und fein hacken.

2. Das Olivenöl in einem Topf erhitzen, Knoblauch und Zwiebel darin andünsten, sie sollen nicht braun werden. Die Tomaten und die Hälfte der Petersilie hinzufügen.

3. Dann den Wein, 1 Glas Wasser und das Muschelfleisch unterrühren. Mit Chilipulver, Salz und Pfeffer würzen. Etwa 10 Minuten kochen lassen.

4. Die Suppe pürieren, noch einmal erhitzen und in vorgewärmte Teller geben. Mit der restlichen Petersilie bestreut servieren.

Maria Callas in einer ihrer liebsten und besten Rollen als »Medea« in Epidaurus, 1960

Bocconcini di vitello

Maria Callas mit Onassis, Portofino 60er Jahre

Kalbsgulasch

2 große Zwiebeln
3 Knoblauchzehen
4 Möhren
6 Salbeiblätter
1 kg Kalbfleisch
6 EL Olivenöl
2 Gläser Weißwein
1/4 l Fleischbrühe
Salz
weißer Pfeffer, frisch gemahlen

Für 6 Personen

1. Die Zwiebeln und die Knoblauchzehen abziehen und fein hacken. Die Möhren putzen, waschen und würfeln. Die Salbeiblätter grob zerteilen.

2. Das Fleisch waschen, trockentupfen und in mundgerechte Stücke schneiden.

3. In einer Kasserolle das Olivenöl erhitzen, Zwiebeln, Knoblauch und Salbei darin leicht anbraten. Dann das Fleisch zugeben und bei starker Hitze rundherum braun braten.

4. Den Wein und die Brühe dazugießen, alles mit Salz und Pfeffer würzen. Das Gulasch zugedeckt bei schwacher Hitze etwa 1 Stunde schmoren.

Tipp: Man kann auch noch eine Dose geschälte Tomaten zufügen, so wird das Gulasch sämiger und saftiger.

Crema liquida

Vanillesauce

1/8 l Milch
150 g Zucker
1 Vanilleschote
3 Eier

Für Biskuitkuchen oder zum Eis

1. Die Milch in einer Kasserolle mit 50 Gramm Zucker bei schwacher Hitze aufschlagen, sie soll nicht kochen.

2. Die Vanilleschote längs aufschlitzen und das Mark herauskratzen, mit der Schote in die Milch geben und 10 Minuten darin ziehen, dann abkühlen lassen. Die Schote herausnehmen.

3. Zwei Eier mit 1 Eigelb und dem restlichen Zucker cremig aufschlagen. Diese Masse zur Milch geben und glatt rühren. So lange erhitzen und rühren, bis sie dickflüssig wird. Die Sauce darf aber keinesfalls kochen.

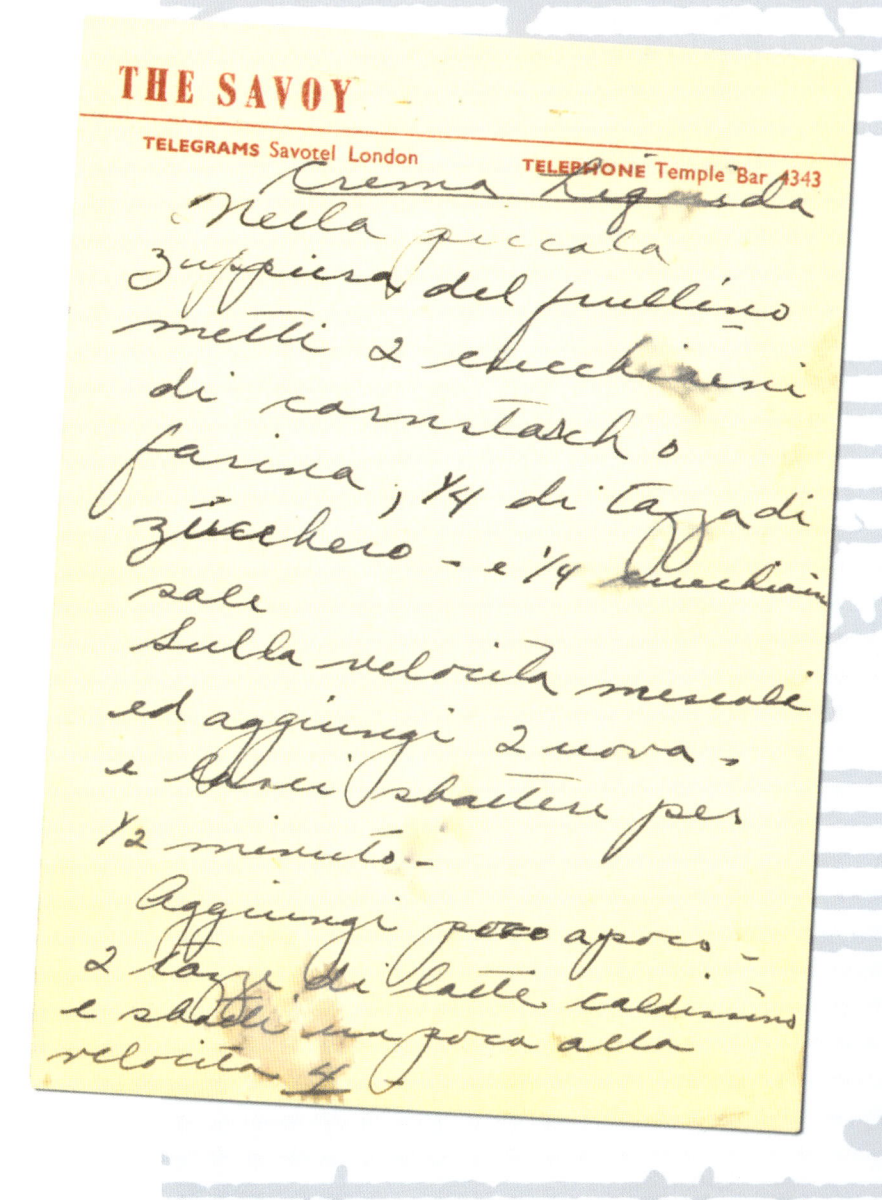

Panna cotta

Sahnedessert

8 Blatt weiße Gelatine
2 Vanilleschoten
1 l Sahne
6 EL Zucker

Für 6–8 Personen

1. Die Gelatine in kaltem Wasser einweichen.

2. Die Vanilleschoten aufschlitzen, das Mark herauskratzen.

3. Die Hälfte der Sahne mit dem Vanillemark und dem Zucker bei schwacher Hitze 5 Minuten köcheln lassen.

4. Die Gelatine gut ausdrücken und in der noch heißen Sahne auflösen. Gut verrühren. Die Sahne abkühlen lassen.

5. Die restliche Sahne steif schlagen. Wenn die Vanillesahne beginnt, etwas fest zu werden, die geschlagene Sahne unterheben.

6. Dessertförmchen ausfetten und mit dem Puderzucker ausstreuen. Die Sahnecreme einfüllen und 2–3 Stunden kühl stellen.

7. Vor dem Servieren die Förmchen kurz in warmes Wasser stellen, den Rand mit einem Messer vorsichtig lösen. Dann stürzen und mit Obst nach Belieben servieren.

Tipp: Zur Panna cotta passt frisches Himbeermark ausgezeichnet: 500 Gramm Himbeeren verlesen, durch ein Sieb passieren und mit 3 Esslöffeln Puderzucker verrühren.

Mousse di cioccolato

Schokoladenmousse

1 Vanilleschote
150 g Schokolade
1/8 l Milch
1/2 l Sahne
2 EL Kakao
100 g Haselnüsse, gehackt

Für 6–8 Personen

1. Die Vanilleschote aufschlitzen, das Mark herauskratzen. Die Schokolade in Stücke brechen. Die Milch in einem Topf erwärmen, das Vanillemark zufügen und die Schokolade darin auflösen.

2. Die Sahne sehr steif schlagen. Den Kakao und die Haselnüsse unterrühren. Die Mischung unter die inzwischen abgekühlte Milchcreme rühren.

3. Die Schokoladenmasse in den Kühlschrank stellen und fest werden lassen.

4. Zum Servieren Nocken abstechen, auf Tellern anrichten und mit etwas geschlagener Sahne, Vanillesauce (Rezept Seite 88) oder gedünstetem Obst servieren.

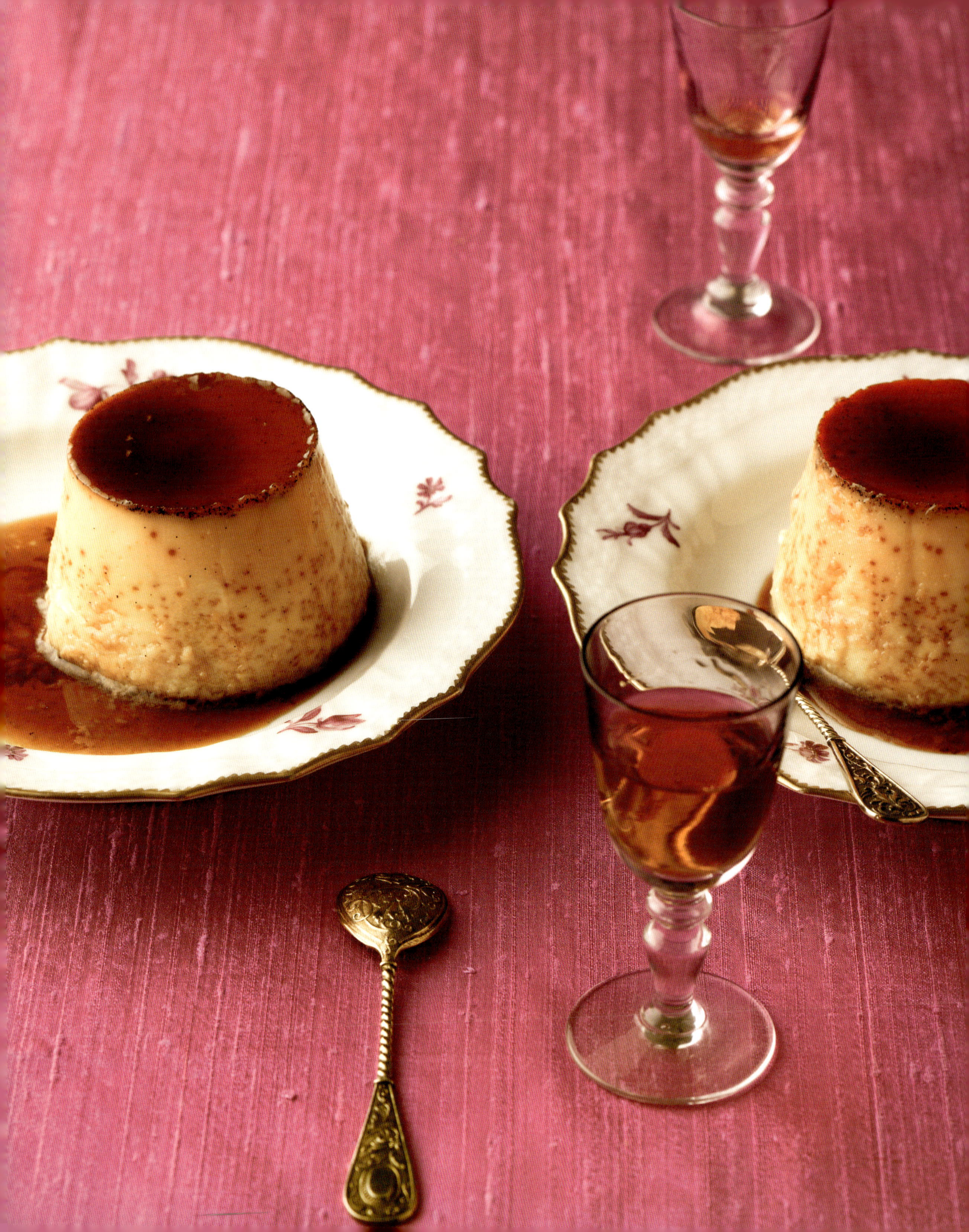

Crème caramel

Karamellcreme

8 EL Zucker
1 Vanilleschote
1/2 l Milch
1 Prise Salz

2 Eier
2 Eigelb
1 EL Zitronensaft
1 EL Orangensaft

Für 6 Personen

1. Für den Karamell in einem kleineren Topf etwas Wasser mit 4 Esslöffeln Zucker bei schwacher Hitze so lange erwärmen, bis der Zucker anfängt braun zu werden.

2. Diesen Karamellsirup in feuerfeste Dessertförmchen gießen und schwenken, damit er die Böden gleichmäßig bedeckt. Den Backofen auf 220 °C vorheizen.

3. So viel Wasser in die Fettpfanne des Backofens gießen, dass die Förmchen später bis zum Rand darin stehen können.

4. Die Vanilleschote aufschlitzen, das Mark herauskratzen.

5. Die Milch mit dem restlichen Zucker, Salz und der Vanilleschote aufkochen. Vom Herd nehmen und ziehen lassen.

6. Die Eier und Eigelb in einer Schüssel verquirlen und etwas von der heißen Milch (die Schote entfernen) unterrühren, dann nach und nach die restliche Milch gründlich unterschlagen. Den Zitronen- und Orangensaft unterrühren.

7. Diese Mischung in die vorbereiteten Dessertförmchen gießen, diese dann in das Wasserbad im Ofen stellen und in etwa 40 Minuten garen und fest werden lassen. Herausnehmen und abkühlen lassen.

8. Das Dessert sollte wenigstens 4 Stunden im Kühlschrank durchkühlen. Vor dem Servieren die Förmchen kurz in heißes Wasser geben, den Rand mit einem Messer lösen, und die Karamellcreme auf Dessertteller stürzen.

Tipp: Bei der Zubereitung des Karamells, die eigentlich ganz einfach ist, muss man lediglich darauf achten, dass der Zucker nicht zu schnell braun und damit bitter wird.

Die beliebte und klassische Crème caramel, die auf kaum einer Dessertkarte fehlt. Ihre Zubereitung ist so unproblematisch, dass man sie öfter auch einmal selbst gemacht genießen kann.

Casanova auf der Christina

Klassische italienische Küche für Liebhaber

Maria Callas mit Onassis, Palermo 1970

Elsa Maxwell, Maria Callas und Onassis, 1957

Aristoteles Onassis war ein Reeder von zweifelhaftem Ruf, aber unermesslichem Reichtum; auf seiner Yacht war der Jetset der Zeit zu Gast und die Griechin Maria Callas, Königin der Opernhäuser in aller Welt, konnte nicht ignoriert werden. Maria erlag dem Luxus. Aristo, wie sie ihn nannte, bot ihr ein Leben, das sie nie hatte: Feste, Reisen, Bekanntschaften mit den VIPs der Welt, Kreuzfahrten …

Onassis war eigentlich kein Opernfan, aber seit seinem Besuch des Galakonzerts der Callas in Paris 1958 begann er, sich für die Sängerin zu interessieren. Schon bei dieser Gelegenheit lud er das Ehepaar Callas/Meneghini zu einer Kreuzfahrt auf seiner Yacht Christina ein, an der auch Winston Churchill, Agnelli und andere internationale Persönlichkeiten teilnahmen.

Casanovas Rezepte

Wie ich bereits in der Einführung erwähnt habe, befand sich in der umfangreichen Bibliothek der Yacht eine französische Originalausgabe von Giacomo Casanovas Autobiografie »Histoire de ma vie«. Onassis bewunderte unter anderem Casanovas Leidenschaft für die gute Küche. Er ließ viele der Gerichte, die der galante Verführer des 16. Jahrhunderts in seinem Buch notierte, nachkochen. Dadurch hatten seine Gäste die Möglichkeit, diese Spezialitäten zu probieren, die immer köstlich waren. Dazu gehörten auch die Käsecreme mit weißen Trüffeln und die Austern im Teigmantel.

Onassis

92 la divina in cucina

Crema di formaggio ai tartufi bianchi

Käsecreme mit weißen Trüffeln

300 g Asiago-Käse
1/8 l Milch
50 g Butter
3 Eigelb
4 Scheiben Toastbrot
1 weißer Trüffel

Für 4 Personen

1. Den Käse in kleine Würfel schneiden und in einen Topf geben, der später auch in einem Wasserbad Platz hat. Die Milch dazu gießen, so dass der Käse mit Milch bedeckt ist, mindestens zwei Stunden ruhen lassen.

2. 20 Gramm Butter und die Eigelbe dazugeben und die Mischung im Wasserbad langsam erwärmen. Dabei ständig rühren, bis die Käsecreme etwas eindickt. Weiterrühren – die Masse wird wieder etwas flüssiger, bevor sie endgültig cremig-flüssig wird.

3. Die Toastscheiben entrinden, in Würfelchen schneiden und in der restlichen Butter rösten.

4. Die Trüffelknolle mit einem kleinen Bürstchen sorgfältig von anhaftenden Erdkrümeln befreien.

5. Die Creme auf vorgewärmte Teller verteilen, mit den gerösteten Brotwürfelchen bestreuen. Den Trüffel darüber hobeln.

Tipp: Diese Creme kann man auch mit Emmentaler oder anderem halbfetten Käse zubereiten. Verfeinern lässt sie sich zusätzlich noch mit etwas geschlagener Sahne, die zuletzt untergerührt wird.

Zuppa di gamberi di fiume

Mitternachtssuppe mit Flusskrebsen

1 Zwiebel
4 EL Olivenöl
12 Flusskrebse
200 ml Weißwein
4 EL Essig oder Zitronensaft
200 ml Wasser oder 200 ml passierte Tomaten
1 Glas Fischfond
weißer Pfeffer, frisch gemahlen
2 Msp. Chilipulver
Weißbrot, pro Person 1–2 Scheiben

Für 4 Personen

1. Die Zwiebel abziehen und in grobe Stücke schneiden. In einem weiten Topf 2 Esslöffel Öl erhitzen und die Zwiebel darin andünsten. Sobald sie anfangen braun zu werden, herausnehmen. Im gleichen Topf die Flusskrebse von allen Seiten anbraten.

2. Den Weißwein mit dem Essig oder Zitronensaft, dem Wasser oder den Tomaten mit dem Fischfond zum Kochen bringen. Die Flusskrebse damit ablöschen, mit Pfeffer und wenig Chilipulver würzen und die Krebse etwa 5 Minuten bei geschlossenem Deckel kochen lassen.

3. Vom Herd nehmen und die Suppe 5 Minuten ziehen lassen.

4. Das Weißbrot toasten. Die gerösteten Brotscheiben in tiefe Teller legen, mit etwas Olivenöl beträufeln und die Suppe mit den Flusskrebsen darauf anrichten. Die Suppe sofort servieren.

Maria Callas und Onassis, 1962

Frittura di ostriche

Austern im Teigmantel

Sylvie Vartan, Johnny Halliday und Maria Callas, Lido di Venezia

60 Austern
2 Zitronen
1 Bund Petersilie
weißer Pfeffer, frisch gemahlen
2 Eier
120 g Mehl
250 ml Weißwein
Salz
Olivenöl

Für 6 Personen

1. Die Austern öffnen und das Muschelfleisch aus den Schalen lösen. Die Zitronen auspressen. Die Petersilie waschen, trockentupfen und fein hacken.

2. Das Muschelfleisch in eine Schüssel legen, mit dem Zitronensaft beträufeln, die Petersilie und frisch gemahlenen Pfeffer darüber geben und 15 Minuten marinieren.

3. Die Eier verschlagen, mit dem Mehl, dem Wein und etwas Salz zu einem dickflüssigen Teig verrühren. Diesen unter die Austern heben, so dass jede Auster von Teigmasse umhüllt ist.

4. Olivenöl in einem Topf erhitzen und die Austern nacheinander goldbraun frittieren. Auf Küchenkrepp abtropfen lassen und mit Petersilie garniert servieren.

Ostriche in pastella

Austernpastetchen

Für den Pastetenteig:
400 g Mehl
1 Ei
200 g weiche Butter
1 TL Salz
Wasser

Für die Füllung:
12–16 Austern
einige Blätter Salbei
3 Zweige Basilikum
2 Zweige Majoran
1 EL Rosinen
2 Orangen
2 EL Olivenöl
2 Eigelbe
Salz
schwarzer Pfeffer, frisch gemahlen
Zitronenscheiben zum Garnieren
etwas Petersilie, gehackt

Für 8 Pastetchen

Der Teig

1. Aus dem Mehl, dem Ei, der Butter und dem Salz mit etwa 7 Esslöffeln Wasser einen glatten Teig kneten. Eventuell noch etwas Wasser hinzufügen, falls der Teig nicht zusammenhält. Dann für 1 Stunde kühl stellen.

2. Die Pastetenförmchen ausfetten und mit dem Teig auskleiden, am Rand eindrücken, mit Backpapier auslegen, mit Hülsenfrüchten füllen und 15 Minuten bei 180 °C blind backen. Danach die Hülsenfrüchte und das Papier entfernen.

Die Füllung

1. Die Austern öffnen, auslösen und dabei die Flüssigkeit auffangen.

2. Die Kräuter waschen, trockentupfen und fein hacken. Die Rosinen waschen und in Wasser einweichen. Die Orangen auspressen.

3. In einer Kasserolle die Austern mit der Flüssigkeit, den gehackten Kräutern, dem Olivenöl, dem Orangensaft, den abgetropften Rosinen und den zwei Eigelben bei schwacher Hitze kurz köcheln lassen. Mit Salz und Pfeffer würzen.

4. Die noch warmen Pastetchen auf vorgewärmte Teller setzen und mit dem Austernragout füllen. Für 2–3 Minuten im noch heißen Ofen überbacken.

5. Mit Zitronenscheiben und etwas Petersilie garnieren und heiß servieren.

Bei den Austernpastetchen handelt es sich um eine exklusive Köstlichkeit. In der knusprigen Teighülle kann sich der Austerngeschmack gut entfalten.

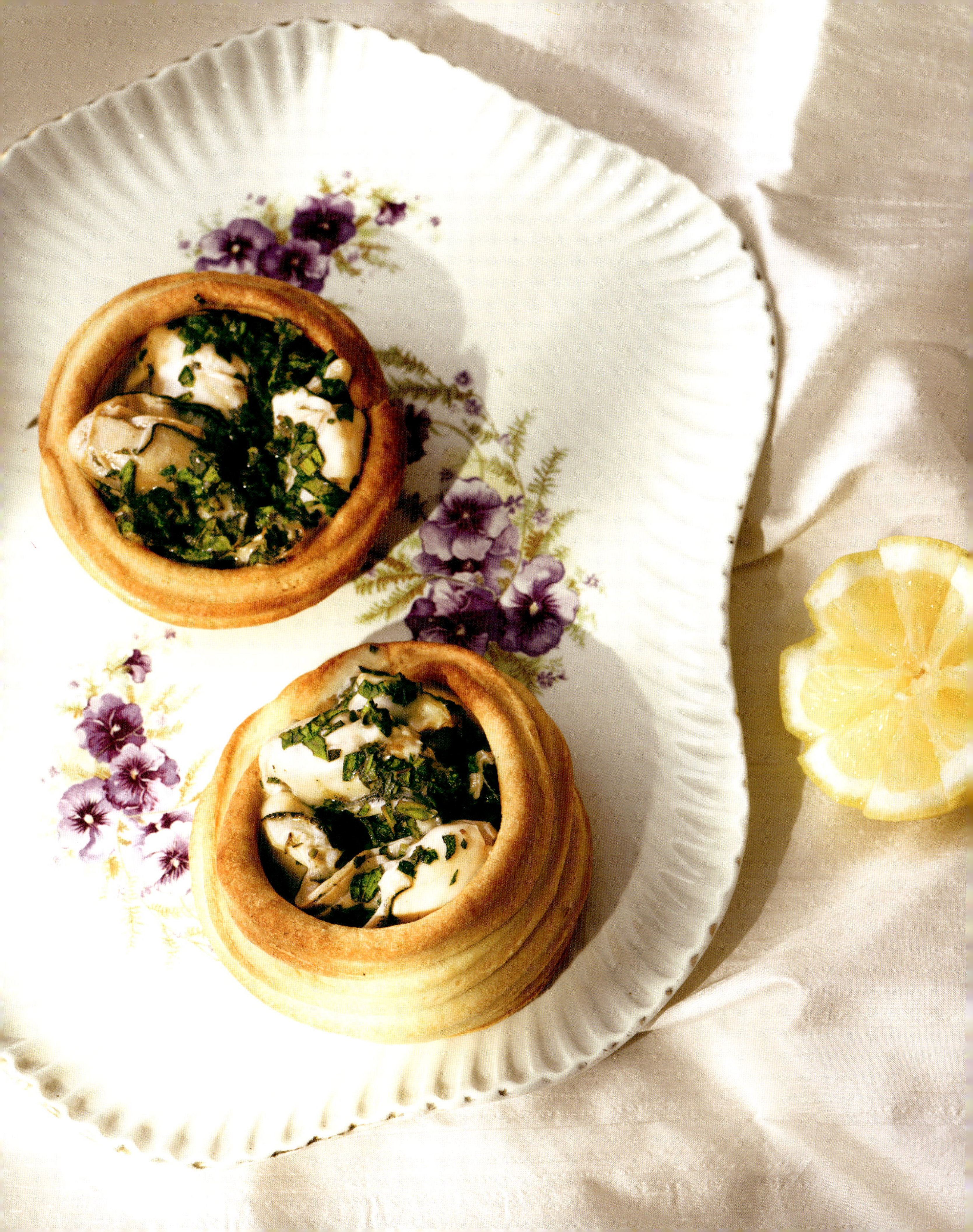

Pasticcio di crespelle

Pfannkuchen-Spargel-Auflauf

Für die Crespelle:
180 g Mehl
Salz
6 Eier
300 ml Milch
Olivenöl zum Ausbacken

Für 8 Personen

Für die Füllung:
2 Bund grüner Spargel
1 Bund Petersilie
3 Kugeln Mozzarella
6 EL Olivenöl
Salz und weißer Pfeffer, frisch gemahlen
3 EL Butter
600 ml Béchamelsauce (Seite 29)
150 g Parmesan, frisch gerieben

Die Crespelle

1. Das Mehl und das Salz in einer Schüssel mischen. Die Eier dazugeben (immer nur zwei auf einmal) dabei ständig mit dem Schneebesen rühren. Wenn alle Eier eingearbeitet sind, die Milch zufügen und nochmals gut durchrühren. Den Teig 2 Stunden ruhen lassen.

2. Eine Pfanne gut einölen und erhitzen. Die Teigmasse mit einem Schöpflöffel in die Pfanne geben, dabei die Pfanne schwenken, damit sich der Teig möglichst dünn und gleichmäßig verteilt.

3. Sobald sich auf der Oberfläche kleine Bläschen zeigen, die Crespelle wenden und auf der anderen Seite kurz braten. Dann auf einen Teller gleiten lassen. Den restlichen Teig ebenso verarbeiten.

4. Die Crespelle können schon ein paar Tage vorher gebacken werden, sie lassen sich gut im Kühlschrank aufbewahren – am besten in Frischhaltefolie eingewickelt.

Die Füllung

1. Den Spargel waschen, die holzigen Enden entfernen und die Stangen schräg in dünne Scheiben schneiden. Die Petersilie hacken. Die Mozzarellakugeln abtropfen lassen und in Scheiben schneiden.

2. In einem Topf das Olivenöl erhitzen und den Spargel darin bei geschlossenem Deckel etwa 15 Minuten dünsten, eventuell etwas Wasser hinzufügen. Salzen und pfeffern. Zum Ende der Kochzeit die gehackte Petersilie unterrühren.

3. Eine Auflaufform mit hohem Rand buttern. Den Backofen auf 200 °C vorheizen. Mit den Crespelle so auskleiden, dass diese über den Rand hinausragen. Mit einer Schicht Spargel belegen, einen Esslöffel Béchamelsauce darüber geben, mit ein paar Mozzarellascheiben belegen und mit etwas Parmesan bestreuen. Mit Crespelle bedecken.

4. Diesen Vorgang wiederholen, bis die Auflaufform voll ist. Dann die überlappenden Crepes so einschlagen, dass die Oberfläche damit bedeckt wird.

5. Mit einer dünnen Schicht Béchamelsauce bestreichen und ein paar Butterflöckchen aufsetzen. Auf der mittleren Schiene des Backofens etwa 30 Minuten backen, bis die Oberfläche appetitlich gebräunt ist. Aus dem Ofen nehmen, kurz abkühlen lassen und mit einem bunten Salat servieren.

Baccalà in turbante

Stockfisch-Spinat-Timbale

1 kg Stockfisch
1 EL Bicarbonat (Haushaltsnatron)
1 EL Essig oder Zitronensaft

3 EL Mehl
100 g Butter
1/4 l Milch
1 kg Spinat
100 g Parmesan, frisch gerieben
Salz und weißer Pfeffer, frisch gemahlen
Semmelbrösel für die Form

Für 4 Personen

1. Den Stockfisch fertig vorbereitet beim Fachhändler kaufen oder wie folgt vorbereiten:

2. Das Bicarbonat in ausreichend kaltem Wasser verrühren und den Stockfisch zwei Tage darin einweichen – er sollte komplett mit dem Wasser bedeckt sein. Das Wasser mehrmals wechseln.

3. Den Fisch sorgfältig säubern (Gräten und Haut entfernen) und in große Stücke teilen.

4. Den Fisch in einen großen Topf mit viel (!) Wasser geben und den Essig oder Zitronensaft hinzufügen. Zum Kochen bringen und sofort die Hitze reduzieren. Der Fisch sollte im heißen Wasser langsam gar ziehen. (Wenn er gekocht wird, zerfällt das Fischfleisch.)

5. Den Fisch herausnehmen, wenn sich das Fleisch noch fest anfühlt, gut abtropfen lassen. Für das Rezept werden 500 Gramm Stockfischfleisch benötigt.

6. Das Fischfleisch fein hacken und mit dem Mehl verrühren.

7. In einem großen Topf die Butter schmelzen und das Fischmus unter Rühren etwas Farbe annehmen lassen. Die Milch unterrühren, so dass eine geschmeidige Masse entsteht.

8. Den Spinat waschen, säubern und kurz blanchieren. Abkühlen lassen und die Flüssigkeit ausdrücken, den Spinat fein schneiden. Den Backofen auf 200 °C vorheizen. Den Spinat zusammen mit dem Parmesan unter die Fischmasse heben und abschmecken.

9. Eine Auflaufform fetten und mit Semmelbröseln ausstreuen, die Fischmasse einfüllen. Den Auflauf in die mit Wasser gefüllte Fettpfanne setzen und für 40 Minuten in den Backofen stellen, damit sich die Aromen verbinden können.

10. Den Auflauf gestürzt servieren. Polenta, frisch gekocht oder gebraten, passt sehr gut dazu. Und immer ein Salat.

Tagliolini alle capesante

Tagliolini mit Jakobsmuscheln

600 g ausgelöstes Jakobsmuschelfleisch
2 Knoblauchzehen
Olivenöl
100 ml Weißwein
1 Bund Petersilie
1 Stange Sellerie
1 Bund Basilikum
600 g Tagliolini
Salz

Für 6 Personen

1. Die Jakobsmuscheln waschen, trockentupfen und jede in vier Stücke oder Scheiben schneiden.

2. Die Knoblauchzehen abziehen und fein hacken. Etwas Olivenöl in einer Pfanne erhitzen, die Hälfte des Knoblauchs darin anbräunen, das Muschelfleisch dazugeben und Farbe annehmen lassen. Den Weißwein aufgießen. Bei großer Hitze kurz aufkochen lassen, dann das Muschelfleisch herausnehmen und warm stellen.

3. Die Petersilie waschen und fein hacken. Den Sellerie ebenfalls waschen und in kleine Würfel schneiden. Das Basilikum waschen, die Blätter grob zerpflücken.

4. In der gleichen Pfanne etwas Olivenöl erhitzen, den restlichen Knoblauch, 2/3 der Petersilie, den Sellerie und das Basilikum hineingeben und bei hoher Temperatur kurz anbraten. Dann das Muschelfleisch zufügen.

5. Die Tagliolini in ausreichend Salzwasser bissfest garen. Abtropfen lassen und zusammen mit etwas Olivenöl und Petersilie zu den Muscheln geben. Sofort servieren.

Maria Callas, Konzert in Hamburg, 1962

Pasta e fagioli alla Veneta

Pasta & Bohnen venezianische Art

800 g getrocknete Borlottibohnen
2 Gemüsezwiebeln
4 Knoblauchzehen
4 Möhren
2 Stangen Sellerie
2 Zweige Rosmarin

2 Brühwürfel
Olivenöl
Salz
weißer Pfeffer, frisch gemahlen
300 g Tagliatelle
150 g Parmesan, frisch gerieben

Für 8 Personen

1. Die getrockneten Bohnen über Nacht in kaltem Wasser einweichen.

2. Die Zwiebeln und die Knoblauchzehen abziehen und fein würfeln. Die Möhren putzen, abziehen und in Scheiben, den Sellerie putzen und in grobe Stücke schneiden.

3. Die Bohnen abgießen und in einen hohen Topf geben. Die Zwiebeln und das gehackte Gemüse mit 1 Rosmarinzweig dazugeben. So viel kaltes Wasser auffüllen, dass das Wasser etwa 4 Finger breit über den Bohnen steht. Zum Kochen bringen. Die Brühwürfel in etwas heißem Wasser auflösen und zusammen mit 100 Milliliter Olivenöl zufügen. Salzen und pfeffern, die Hitze reduzieren und die Bohnen mit geschlossenem Deckel etwa 2 Stunden ziehen lassen.

4. Wenn die Bohnen gar sind, die Hälfte davon passieren. Diese Masse wieder in den Topf geben und die Suppe nochmals erhitzen.

5. In einem kleinen Topf 4 Esslöffel Olivenöl erhitzen, den Knoblauch und den zweiten Rosmarinzweig darin erwärmen, etwas zerdrücken. Das aromatisierte Öl durch ein Sieb streichen und zu den Bohnen geben.

6. Die Tagliatelle in Stücke brechen und zu der Suppe geben, etwa 6 Minuten bei schwacher Hitze kochen lassen, dann vom Herd nehmen (die Pasta gart in der langsam abkühlenden Suppe nach). Die Suppe in Teller verteilen und mit dem Parmesan bestreuen.

Tipp: Dieses Gericht wird im Veneto lauwarm oder auch kalt serviert. Sehr gut schmeckt die Suppe mit dünnen Scheiben San Daniele Schinken, die in einer Pfanne ohne Fett angebräunt werden.

Erinnerungen an die Heimat

Griechische Spezialitäten – für Gäste und Feste

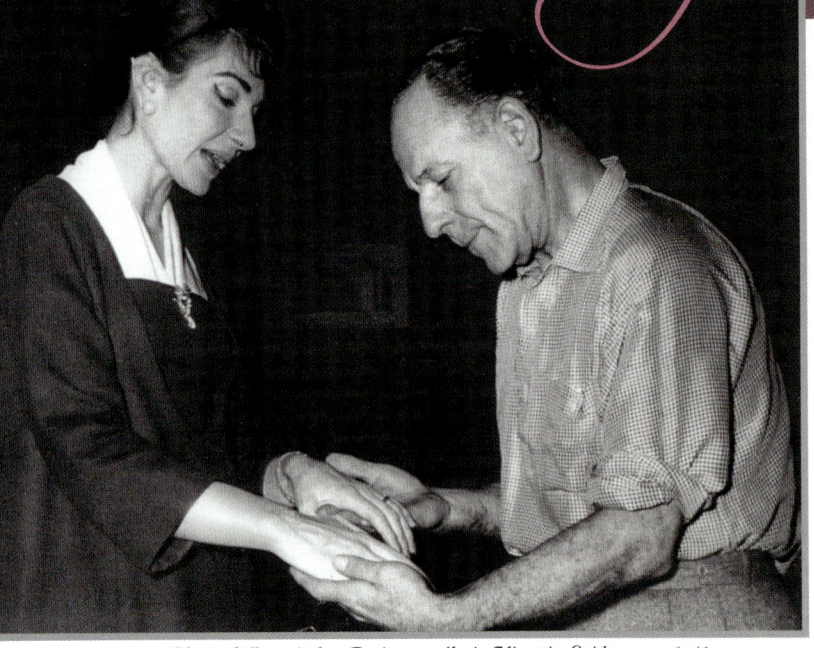

Maria Callas mit dem Regisseur Alexis Minottis, Epidaurus 1960/61

Die Leitung der Athener Festspiele fragte die Callas 1960, ob sie für eine Aufführung in dem antiken Theater von Epidaurus zur Verfügung stünde. Von der ungewöhnlich guten Akustik hatte sich die Sängerin schon im August des Vorjahres überzeugen können, anlässlich eines Aufenthalts während der Kreuzfahrt mit der Christina. Sie sagte zu, entschied aber, die *Norma* statt wie gewünscht die *Medea zu singen*, weil sie glaubte, dass man sie nur in dieser Rolle hören wollte.

Ihre Liebe zu Onassis brachte die Callas auch wieder zurück zu ihren Wurzeln in Griechenland. Mit Onassis konnte sie griechisch sprechen und über ihre und seine Erlebnisse in diesem Land reden und sich an ihre Vergangenheit erinnern.

Original griechische Küche

Wenn sie im Haus des Reeders in Italien Gäste empfingen, wurden häufig griechische Menüs serviert. Das war der Callas wichtig und ihre Gäste wünschten sich das auch oft. Die Zutaten dafür wurden von Onassis' Privatjet direkt aus Athen eingeflogen, denn in Italien war es schwierig, die notwendigen

Maria Callas bei einer Probe zu Medea, 1961/62

typischen Produkte in der erforderlichen Frische und Güte zu bekommen, mit denen die Ansprüche der Gäste und deren Wünsche nach authentischer griechischer Küche erfüllt werden konnten.

Charidhes me féta

Scampi mit Fetakäse überbacken

2 mittelgroße Zwiebeln
2 Knoblauchzehen
1 Bund Petersilie
1 kg geschälte Tomaten (Dose)
250 g griechischer Fetakäse
6 EL Olivenöl
2 TL Salz
1/2 TL Pfeffer
1 kg rohe Riesengarnelen

Für 6 Personen

1. Die Zwiebeln und die Knoblauchzehen abziehen und fein hacken. Die Petersilie waschen, trockentupfen und ebenfalls hacken. Die Tomaten aus der Dose in Stücke schneiden oder zerdrücken. Den Käse zerbröckeln.

2. In einer großen Pfanne das Olivenöl erhitzen, die Zwiebeln darin glasig werden lassen.

3. Die Tomaten, 2/3 der Petersilie und den Knoblauch in die Pfanne geben, mit Salz und Pfeffer würzen. Bei geschlossenem Deckel 5 Minuten köcheln lassen.

4. Den Backofen auf 180 °C vorheizen. Die Riesengarnelen schälen, den Darm entfernen und die Garnelen auf 6 feuerfesten Tellern verteilen. Mit der Tomatensauce leicht begießen und den Fetakäse gleichmäßig darüber verstreuen.

5. Die Teller auf einem Rost auf die mittlere Schiene des Backofens stellen und die Garnelen etwa 10 Minuten backen. Mit der restlichen Petersilie garniert servieren.

Tipp: Für dieses Gericht können auch andere Meeresfrüchte eingesetzt werden, und Filets von preiswerteren Fischen entwickeln unter der Fetahülle ebenfalls einen ausgezeichneten Geschmack.

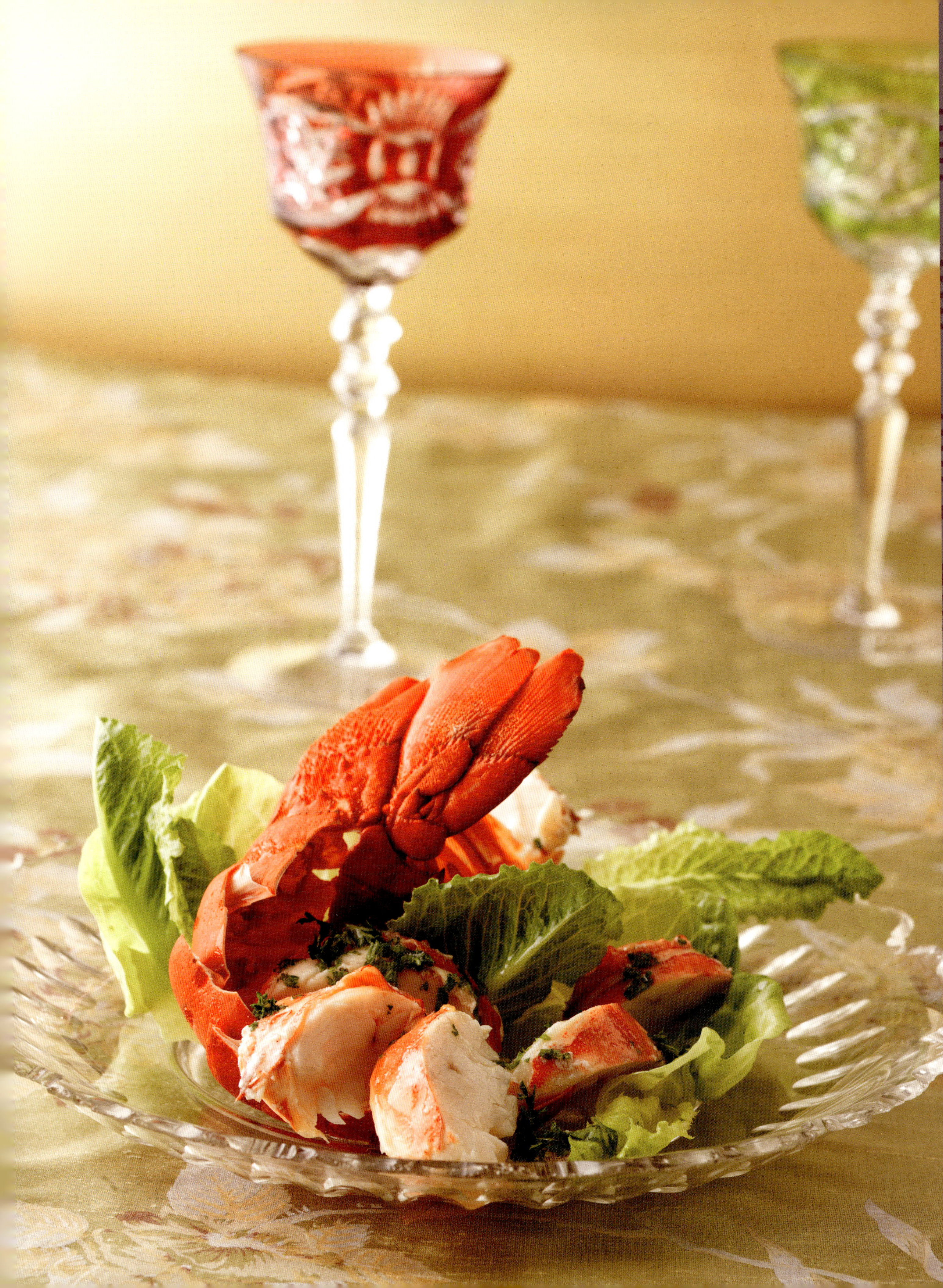

Astakòs mayonnésa

Languste mit Mayonnaise

2 gegarte Langusten
Mayonnaise (Seite 27)

Für 4 Personen

1. Den Panzer der Langusten am Rücken vom Kopf bis zum Schwanz einschneiden. Das Fleisch herauslösen. Die zarten Stücke und das Corail (den Rogen) beiseitelegen.

2. Das restliche Fleisch vom Panzer trennen, sehr fein schneiden oder pürieren und mit der Mayonnaise sehr gut verrühren.

3. Die Langustenstücke und das Corail auf Tellern anrichten, mit der Langustenmayonnaise und mit ein paar schönen Salatblättern garnieren.

Am besten passen dazu frisches Weißbrot, Butter und ein ausgezeichneter Weißwein.

Astakòs vrastòs ladholémono

Languste mit Olivenöl & Zitrone

Für 2 Personen

1 gegarte Languste
Saft von 1 Zitrone
Salz
weißer Pfeffer, frisch gemahlen
3 EL Olivenöl extra vergine
1/2 TL Senfpulver
1 EL gehackte Petersilie

1. Den Panzer der Languste am Rücken vom Kopf bis zum Schwanz einschneiden. Das Fleisch herauslösen, den Darm entfernen.

2. Aus dem Zitronensaft, Salz und Pfeffer nach Geschmack, dem Olivenöl und dem Senfpulver eine Sauce rühren, die Petersilie untermischen.

3. Das Langustenfleisch auf Teller verteilen und mit der Zitronensauce beträufeln. Mit Zitronenscheiben, Petersilie und Salatblättern garnieren.

Languste mit Olivenöl und Zitrone – ein Gericht für ganz besondere Anlässe. Die Callas schätzte Schaltiere vor allem auch wegen der geringen Kalorien.

Kefédhes

Fleischbällchen mit Oregano

250 g altes Weißbrot
2–3 mittelgroße Zwiebeln
1 kg Rinderhackfleisch
1 EL Oregano, frisch gehackt
2 EL Minze, frisch gehackt
1 Ei
Salz und schwarzer Pfeffer, frisch gemahlen
2 EL Mehl
Olivenöl
1/8 l Wasser
1/2 Tasse trockener Weißwein
3 EL Rotweinessig
1 EL Tomatenmark
2 Knoblauchzehen
1 Lorbeerblatt
1 Rosmarinzweig

Für 8 Personen

1. Das Weißbrot in Wasser einweichen. Die Zwiebeln abziehen und fein hacken, dann etwa 3 Minuten in wenig Wasser kochen.

2. Das Weißbrot gut ausdrücken. Zusammen mit dem Hackfleisch, den Zwiebeln, den Kräutern und dem Ei verkneten. Mit Salz und Pfeffer würzen.

3. Aus dem Fleischteig kleine Bällchen formen und in wenig Mehl wenden. Das Öl in einer großen Pfanne erhitzen und die Fleischbällchen darin goldbraun braten. Herausnehmen und warm stellen. Das Öl abgießen, aber auffangen.

4. Die Pfanne säubern, das Öl wieder hineingeben und erhitzen, dann das Mehl einrühren und kurz anbraten. Wasser, Weißwein, Essig und Tomatenmark zugeben und unterrühren.

5. Die Knoblauchzehen hacken, zusammen mit dem Lorbeerblatt und dem Rosmarinzweig zur Sauce geben, salzen und pfeffern, unter Rühren 5 Minuten köcheln. Die Sauce über die Fleischbällchen geben.

Keftedhakia

Fleischbällchen

2 kleine Zwiebeln
1 Bund Petersilie
3 EL Butter
500 g Rinderhackfleisch
4 EL Semmelmehl
1/8 l Milch
1 Ei
Salz
schwarzer Pfeffer, frisch gemahlen
1 EL Olivenöl
Weißwein

Für 4 Personen

1. Die Zwiebeln abziehen und fein hacken. Die Petersilie waschen, trockentupfen und ebenfalls fein hacken.

2. Zwei Esslöffel Butter in einer Pfanne erhitzen und die Zwiebeln darin andünsten. Herausnehmen, etwas abkühlen lassen und mit dem Fleisch vermischen. Das Semmelmehl, die Milch, die Petersilie und das Ei hinzufügen und einen glatten Teig kneten, salzen und pfeffern. Kleine Fleischbällchen formen.

3. Die restliche Butter und das Öl in einer großen Pfanne erhitzen und die Fleischbällchen nacheinander goldbraun braten und warm stellen. Zuletzt alle Fleischbällchen wieder in die Pfanne geben, mit etwas Wein beträufeln, nochmals erhitzen und heiß mit einem Salat servieren.

Floyéres
Blätterteigröllchen mit Nüssen

Für die Teigröllchen:
100 g Löffelbiskuits
1 Zitrone, unbehandelt
500 g gemahlene Mandeln oder Walnüsse
1 TL Zimt
1 Ei
2 EL Zucker
500 g Blätter- oder Filoteig
125 g Butter

Für den Sirup:
100 g Zucker
100 ml Wasser
Zitronensaft
4 EL Honig

Für 8–10 Personen

Die Teigröllchen

1. Die Löffelbiskuits mit einem Rollholz zerbröseln. Die Zitrone abreiben, mit den Mandeln oder Walnüssen, der Zitronenschale und dem Zimt gut vermischen.

2. Das Ei mit dem Zucker schaumig schlagen und zu der Nussmischung geben, alles gut miteinander vermengen.

3. Den Blätter- oder Filoteig in Streifen von 35 x 10 cm schneiden. Die Blätterteigstreifen mit einem feuchten Tuch oder Frischhaltefolie bedecken, damit sie nicht austrocknen.

4. Die Butter erwärmen und die Teigstreifen nacheinander damit bestreichen, auf halbe Länge falten und erneut mit Butter bestreichen. Auf ein Ende des Streifens einen Löffel Nussmischung geben und dann aufrollen. Den Backofen auf 175 °C vorheizen.

5. Eine Auflaufform ausbuttern. Die Blätterteigrollen in eine gebutterte Auflaufform legen und mit der restlichen Butter übergießen. Im Backofen bei mittlerer Hitze etwa 25 Minuten backen, abkühlen lassen.

Der Sirup

Für den Sirup den Zucker mit dem Wasser 5 Minuten sprudelnd kochen, Zitronensaft und Honig unterrühren. Aufschäumen lassen und über die Teigröllchen gießen. Vor dem Servieren ein paar Stunden ziehen lassen.

Das Temperament Südamerikas

Von Arroz à brasileira bis Frango com abacate

Maria Callas mit Tullio Serafin, 1960

Maria Callas als Norma, 1950

Kurz nach ihrer Heirat mit Giovanni Battista Meneghini im April 1949 fuhr Maria Callas alleine nach Südamerika. Sie hatte ein Engagement im Teatro Colon in Buenos Aires und sollte die *Aida*, die *Norma* und die *Turandot* singen. Hier traf sie auch wieder auf den Dirigenten Tullio Serafin, den Mitbegründer der Festspiele in Verona, den für sie so wichtigen, einfühlsamen Musiker.

Giulietta Simionato, die eine ihrer Kolleginnen bei den Aufführungen in Südamerika war und noch heute unermüdlich dafür sorgt, dass Ruhm und Bedeutung der Callas nicht verblassen, erinnert sich an die Begeisterung der Diva für Kochrezepte. Was dieser interessant erschien, schnitt sie aus den amerikanischen Zeitschriften aus, weil sie für ihren Titta (ihr Ehemann und ein ausgesprochener Feinschmecker) unbedingt eine gute Köchin werden wollte.

Ersehnte Erfolge

1950 reiste Maria Callas erneut nach Südamerika; diesmal sollte sie an der Oper von Mexiko-Stadt singen, im Palacio de las Bellas Artes. 1951 trat sie ein drittes Mal die Reise nach Südamerika an und fuhr zunächst nach Mexiko, dann weiter nach Brasilien und Argentinien. Ihre Erfolge in Südamerika waren überwältigend und führten schließlich zu dem so sehr erwünschten und erhofften Engagement an der Mailänder Scala.

Krabben mit Linsen

200 g Linsen
1 Zwiebel
1 Zitrone
1 kleiner Bund Petersilie
200 g durchwachsener Speck
Salz
600 g Scampi
schwarzer Pfeffer, frisch gemahlen
20 g Butter
2 EL Olivenöl

Für 4 Personen

1. Die Linsen über Nacht in kaltem Wasser einweichen.

2. Die Zwiebel fein hacken. Die Zitrone auspressen. Die Petersilie waschen und fein hacken. Den Speck in Würfel schneiden.

3. Die Linsen abgießen und zusammen mit der Zwiebel und ein wenig Salz in einer Kasserolle mit viel Wasser aufsetzen, aufkochen lassen und dann bei schwacher Hitze in etwa 50–60 Minuten garen. Kurz vor Ende der Garzeit die Speckwürfel hinzufügen.

4. Die Scampi schälen, Därme entfernen, waschen und trockentupfen. Salzen, pfeffern und mit Zitronensaft beträufelt ziehen lassen.

5. Butter mit Olivenöl erhitzen, die Scampi darin kurz anbraten. Die Petersilie unterrühren.

6. Die Linsen auf Tellern anrichten und die Scampi darauf verteilen.

Reis auf brasilianische Art

400 g Langkorn- oder Basmatireis
1 Zwiebel
2 große Tomaten
4 EL Olivenöl
1/2 l Hühnerbrühe
1/2 l Wasser
Salz
weißer Pfeffer, frisch gemahlen

Für 8 Personen

1. Den Reis unter fließendem Wasser solange waschen, bis das Wasser klar bleibt.

2. Die Zwiebel abziehen und klein hacken. Die Tomaten enthäuten, entkernen und klein schneiden. In einer großen Pfanne, die auch in den Backofen gestellt werden kann, das Öl erhitzen und den Reis sowie die geschälten und klein geschnittenen Tomaten zugeben.

3. Die Brühe und das Wasser zufügen, salzen und pfeffern und so lange bei schwacher Hitze köcheln lassen, bis die Flüssigkeit fast verkocht ist. Das dauert etwa 15–20 Minuten.

4. Zuletzt den Reis unter dem vorgeheizten Grill 3–5 Minuten überbacken.

Frango com abacate

Hähnchen mit Avocado

1 mittelgroße Zwiebel
1 Bund Petersilie
2 EL Butter
200 g Reis
3/4 l Hühnerbrühe
Salz, weißer Pfeffer, frisch gemahlen
4 Avocados
1 EL Zitronensaft
300 g Hühnerbrust
1 Ei
100 g Parmesan, frisch gerieben

Für 4 Personen

1. Die Zwiebel abziehen und fein würfeln. Die Petersilie waschen und fein hacken. In einer großen Bratpfanne 1 Esslöffel Butter erhitzen und die Zwiebel darin andünsten. Nach und nach den Reis zufügen, glasig werden lassen und die Hühnerbrühe aufgießen, würzen und etwa 20 Minuten köcheln lassen.

2. Die Avocados aufschneiden, den Kern entfernen und das Fruchtfleisch mit einem Teelöffel behutsam von der Schale lösen und mit dem Reis vermischen. Die Schalen der Avocados mit Zitronensaft beträufeln.

3. Die Hühnerbrüste in kleine Stücke schneiden, und in 1/2 Esslöffel Butter anbraten, würzen. Das Fleisch mit der Hälfte des Parmesans, der Petersilie und dem Ei gut vermengen. Diese Masse zu dem gekochten Reis geben und gut verrühren. Den Backofen auf 200 °C vorheizen.

4. Die Avocadoschalen mit der Reis-Huhnmasse füllen, den restlichen Parmesan und die restliche Butter in Flöckchen darüber verteilen und in einer gebutterten Form im Backofen 5 Minuten goldbraun überbacken.

Maria Callas und Pier Paolo Pasolini, Rio della Plata

Feijoada

Brasilianisches Nationalgericht

1200 g schwarze Bohnen
1 Schweinsfuß
250 g Zunge, geräuchert
250 g magerer Speck
650 g Rindfleisch
300 g Bauchspeck, geräuchert
500 g Schweinelende
200 g geräucherte Wurst
4 EL Olivenöl
500 g Schweinerippchen

4 Knoblauchzehen
3 Zwiebeln
4 große Tomaten
1 Chilischote
6 Orangen
Salz
schwarzer Pfeffer, frisch gemahlen

Für 8 Personen

1. In einem großem Topf 4 Liter Wasser zum Kochen bringen. Die Bohnen dazugeben und etwa 5 Minuten kochen lassen. Vom Herd nehmen und eine Stunde quellen lassen. Anschließend den Schweinsfuß, die Zunge und den Speck dazugeben und 1 Stunde kochen.

2. Dann das Rindfleisch, den in Würfel geschnittenen Bauchspeck und die Lende zu den Bohnen geben und alles eine weitere Stunde köcheln lassen. Wenn die Suppe zu dick wird, etwas heißes Wasser unterrühren.

3. Die Wurst in die Suppe geben und alles eine weitere Stunde kochen.

4. In einer Pfanne 2 Esslöffel Öl erhitzen und die Schweinerippchen darin anbraten.

5. Die Fleischstücke aus dem Topf mit den Bohnen nehmen und warm stellen. Die Bohnen entfetten und pürieren. Den Backofen auf 120 °C vorheizen.

6. Das gekochte Fleisch sowie die angebratenen Rippchen in eine ofenfeste Form geben und in den vorgeheizten Ofen stellen.

7. Die Knoblauchzehen und die Zwiebeln abziehen und klein schneiden, die Tomaten enthäuten und stückeln, die Chilischote zerreiben. Die Orangen schälen und filetieren. In einem Topf das restliche Öl erhitzen, den Knoblauch, die Zwiebeln, die Tomaten, die Chilischote, Salz und Pfeffer sowie die Hälfte der pürierten Bohnen dazugeben. Alles etwa 20 Minuten köcheln lassen, dabei nach und nach das restliche Bohnenpüree unterrühren. Die geschälten und filetierten Orangen hinzufügen. Bei schwacher Hitze kochen, so dass eine cremige Sauce entsteht.

8. Das Fleisch aus dem Backofen nehmen, in Scheiben schneiden und zusammen mit dem schwarzen Bohnenpüree anrichten.

Costeleta de porco com abacaxi

Lende mit Ananas

1 kg Schweinelende
1 rote Paprikaschote
1 Möhre
1 Knoblauchzehe
1 Zwiebel

3 EL Butter
1 Ananas
1 Glas Weißwein

Für 6 Personen

1. Das Fleisch waschen und trockentupfen. Die Paprikaschote und die Möhre putzen und in Streifen schneiden. Die Zwiebel und den Knoblauch abziehen und fein hacken.

2. Mit einem scharfen Messer die Lende einschneiden und mit den Paprika- und Möhrenstreifen füllen. In einer Kasserolle 1 Esslöffel Butter erhitzen und das Fleisch darin rundherum anbraten. Den Backofen auf 220 °C vorheizen.

3. In einer feuerfesten großen Form 1 Esslöffel Butter erhitzen, den Knoblauch und die Hälfte der gewürfelten Zwiebeln andünsten. Die Lende in die Form legen und auf der mittleren Schiene des Backofens etwa 60 Minuten schmoren.

4. Die Ananas waschen, schälen, in Scheiben schneiden und den Strunk entfernen.

5. In einer kleinen Pfanne die restliche Butter erhitzen und die restlichen Zwiebeln sowie die Schalen der Ananas zugeben und mit dem Weißwein beträufeln. 4–5 Minuten köcheln lassen, bis die Schalen duften, dann entfernen. Die Ananasscheiben in der Pfanne kurz anwärmen.

6. Die gegarte Lende aus dem Ofen nehmen und in Scheiben schneiden.

7. Die Lenden- und Ananasscheiben auf einer Servierplatte anrichten und mit der Sauce überziehen.

Schweinelende auf brasilianische Art, gefüllt mit Paprika- und Möhrengemüse und mit einer zartsüßen Ananas-Bratensauce. Die Ananasscheiben als Beilage ergänzen den Geschmack sehr harmonisch.

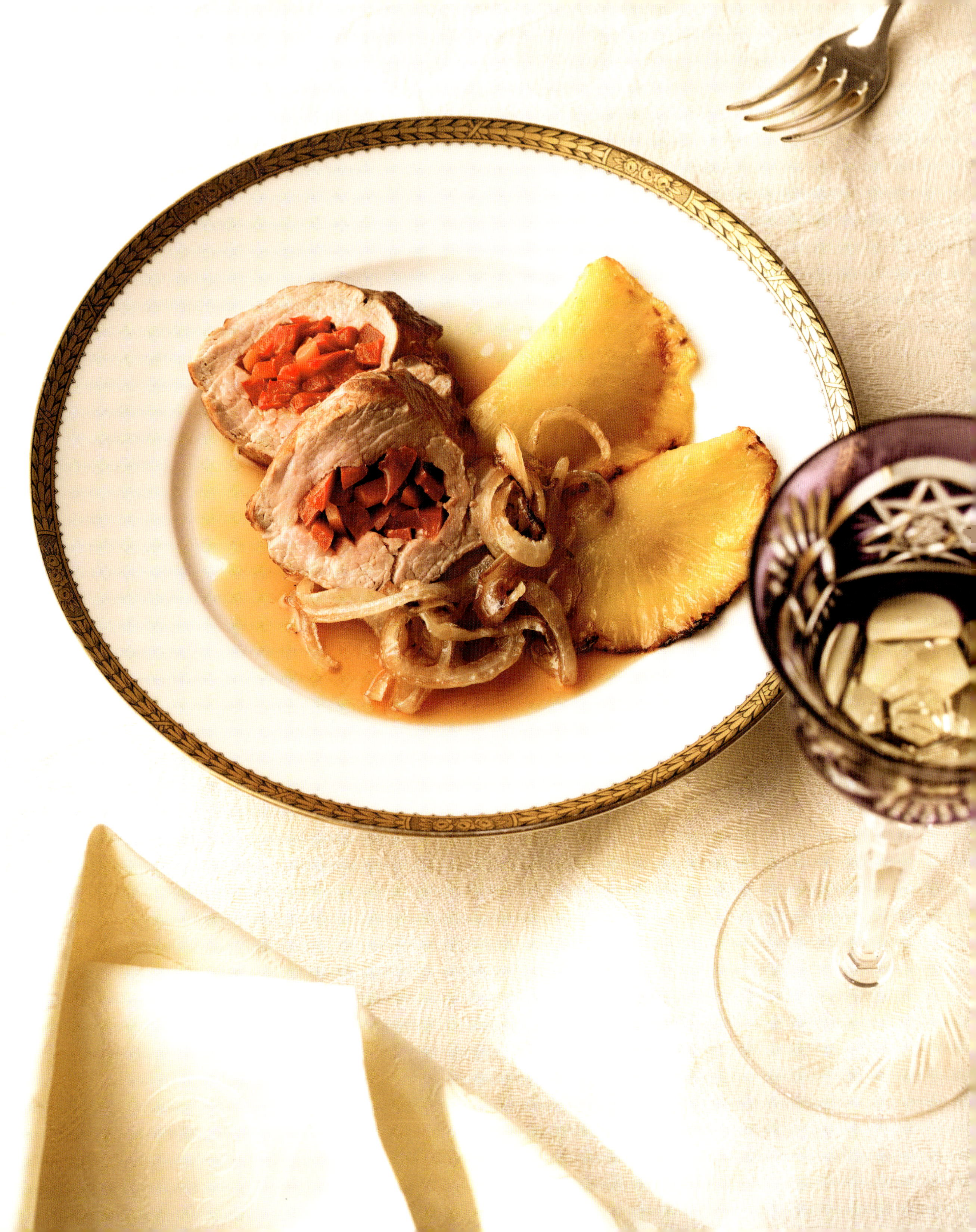

Sorvete de frutas

Fruchtsorbet

6 Bananen
400 ml Passionsfruchtsaft
400 ml Ananassaft
2 Eiweiß
200 g Puderzucker
Ananasscheiben und Passionsfruchtstücke

Für 6 Personen

1. Die Bananen schälen und pürieren. Das Bananenpüree mit dem Passionsfrucht- und Ananassaft gut verrühren. Die Fruchtmischung in eine Schüssel geben und eine Stunde in das Tiefkühlfach stellen.

2. Die Eiweiße zu Schnee schlagen, wenn sie anfangen steif zu werden, den Puderzucker dazugeben und weiterschlagen, bis die Masse schön fest ist. Die gekühlte Fruchtmasse kräftig umrühren und den Eischnee vorsichtig unterheben.

3. Nochmals für zwei etwa Stunden ins Tiefkühlfach stellen. Dabei immer wieder rühren, damit sich keine Eisstückchen bilden können.

4. Eiskugeln abstechen, in große Dessertgläser geben und mit Ananasscheiben und Passionsfruchtstücken garniert servieren.

Tipp: Eine köstliche Sorbet-Variante mit Champagner: Das Sorbet in einer flachen Schale im Tiefkühlfach fest werden lassen. Diese Masse dann mit einem Löffel abschaben, in Gläser füllen und mit trockenem Champagner auffüllen.

Rezepte von Nela Rubinstein

Maria Callas mit Marilyn Monroe, 1962

Von 1954 bis 1959 hatte Maria Callas häufig Engagements in Nordamerika und sang an den Opernhäusern von Chicago, New York, Philadelphia und Washington. Einem besonderen Anlass galt ihr Auftritt im Madison Square Garden, New York, am 19. Mai 1962. Es war ein Galakonzert anlässlich des 44. Geburtstags von John F. Kennedy.

Maria Callas und Nela (Aniela) Rubinstein lernten sich 1957 kennen, bei dem legendären Empfang, den Elsa Maxwell im September im Hotel Danieli gab.

Praktische Anleitungen

Nela Rubinstein, eine große Musikkennerin und Frau des berühmten Pianisten Arthur Rubinstein, galt auch als hervorragende Köchin. Ihr Ehrgeiz war es, die hohen Ansprüche ihres weitgereisten Mannes und Feinschmeckers, der die besten Restaurants der Welt kannte, zu befriedigen. Vor allem

Nela Rubinstein in der Küche

die Küche Nordamerikas war ihr sehr vertraut, und die besten Rezepte hat sie in ihrem erfolgreichen Buch »Nela's Cookbook« (das noch heute käuflich ist) veröffentlicht. Sie wurde eine gute Freundin der Callas und hat sie in praktischen Fragen zum Kochen und bei kulinarischen Themen häufig beraten.

Black Bean Soup

Suppe mit schwarzen Bohnen

200 g schwarze Bohnen
2 mittelgroße Zwiebeln
2 Knoblauchzehen
2 Möhren
2 Stangen Sellerie
1 EL Butter
1 l Hühnerbrühe
100 g Bauchspeck, geräuchert
2–3 Gewürznelken
1 Prise Cayennepfeffer
Muskatnuss, gemahlen
1–2 Lorbeerblätter
Salz
1 EL Essig
1 EL trockener Sherry
1 unbehandelte Zitrone in Scheiben

Für 4 Personen

1. Die Bohnen über Nacht mit Wasser bedeckt einweichen.

2. Die Zwiebeln und die Knoblauchzehen abziehen und fein hacken. Die Möhren und den Sellerie putzen, waschen und würfeln. In einem großen Topf die Butter erhitzen, Zwiebeln und Knoblauch mit dem Gemüse darin andünsten, die Hühnerbrühe aufgießen.

3. Die Bohnen abgießen und mit dem Bauchspeck (ohne Schwarte) und den Gewürzen zum Gemüse geben. Sobald es kocht, den Topf schließen und die Suppe bei schwacher Hitze etwa 2 Stunde kochen.

4. Den Lorbeer, die Nelken und den Bauchspeck herausnehmen, die Suppe pürieren. Salz, den Essig und den Sherry zufügen. Kurz aufkochen. Eventuell noch etwas Brühe hinzufügen. Die Suppe auf Teller verteilen und mit Zitronenscheiben garnieren.

Pumpkin Soup

Kürbissuppe

600 g geputztes Kürbisfleisch
50 g Butter
1 EL Rohrzucker
1/2 l Milch
Salz und weißer Pfeffer, frisch gemahlen
1/2 TL Muskat, frisch gerieben
1/2 TL Nelkenpulver

Für 4 Personen

1. Das Kürbisfleisch in Würfel schneiden und in etwas Butter anschwitzen. Den Rohrzucker zugeben, unter Rühren auflösen und dabei Farbe annehmen lassen.

2. Die Milch hinzufügen und mit Salz, weißem Pfeffer, Muskat und dem Nelkenpulver abschmecken. Zum Kochen bringen, dann die Hitze reduzieren und die Suppe zugedeckt etwa 20 Minuten köcheln lassen.

3. Die Suppe passieren, abschmecken und vor dem Servieren nochmals kurz aufkochen.

Variante:
Das Kürbisfleisch mit pürierten Maiskörnern einer kleinen Dose Mais mischen.

Stuffed Baked Potatoes

Gebackene gefüllte Kartoffeln

4 große Kartoffeln
2 EL Öl
4 EL Butter
Salz und weißer Pfeffer, frisch gemahlen
125 g Schlagsahne
2 Eigelb
20 g Butter

Für 4 Personen

1. Den Backofen auf 200 °C vorheizen. Die Kartoffeln gut waschen und mit Olivenöl bestrichen eine gute Stunde im Ofen backen.

2. Abkühlen lassen und Deckel abschneiden. Mit einem Teelöffel so aushöhlen, dass ein Rand von circa 1 cm bleibt.

3. Die Kartoffelstücke mit Butter, Salz und Pfeffer zu einer cremigen Masse verrühren. Die Sahne steif schlagen, die Eigelbe unterheben und mit der Kartoffelmasse vermengen. Die ausgehöhlten Kartoffeln mit dieser Masse füllen, die Deckel aufsetzen.

4. Die Kartoffeln in eine Auflaufform setzen, mit Butterflöckchen bestreuen und unter dem Grill in 5 Minuten gratinieren.

Glazed Sweet Potatoes

Glasierte Süßkartoffeln

900 g Süßkartoffeln
Salz
60 g Butter
7 EL Orangensaft
120 g Rohrzucker

Für 4 Personen

1. Die Kartoffeln waschen und mit der Schale in Salzwasser etwa 20 Minuten kochen. Aus dem Wasser nehmen und abkühlen lassen.

2. Die Kartoffeln pellen, in dicke Scheiben schneiden und in eine gebutterte Form schichten. Den Ofen auf 250 °C vorheizen.

3. Den Orangensaft zusammen mit dem Zucker und der restlichen Butter erhitzen, etwas einkochen lassen und dann über die Kartoffeln gießen. Im Backofen auf der mittleren Schiene etwa 20 Minuten überbacken.

Tipp: In den eingekochten Fruchtsaft kann man auch Whisky und etwas abgeriebene Zitronenschale geben und die Kartoffeln mit gehackten Pecannüssen bestreuen.

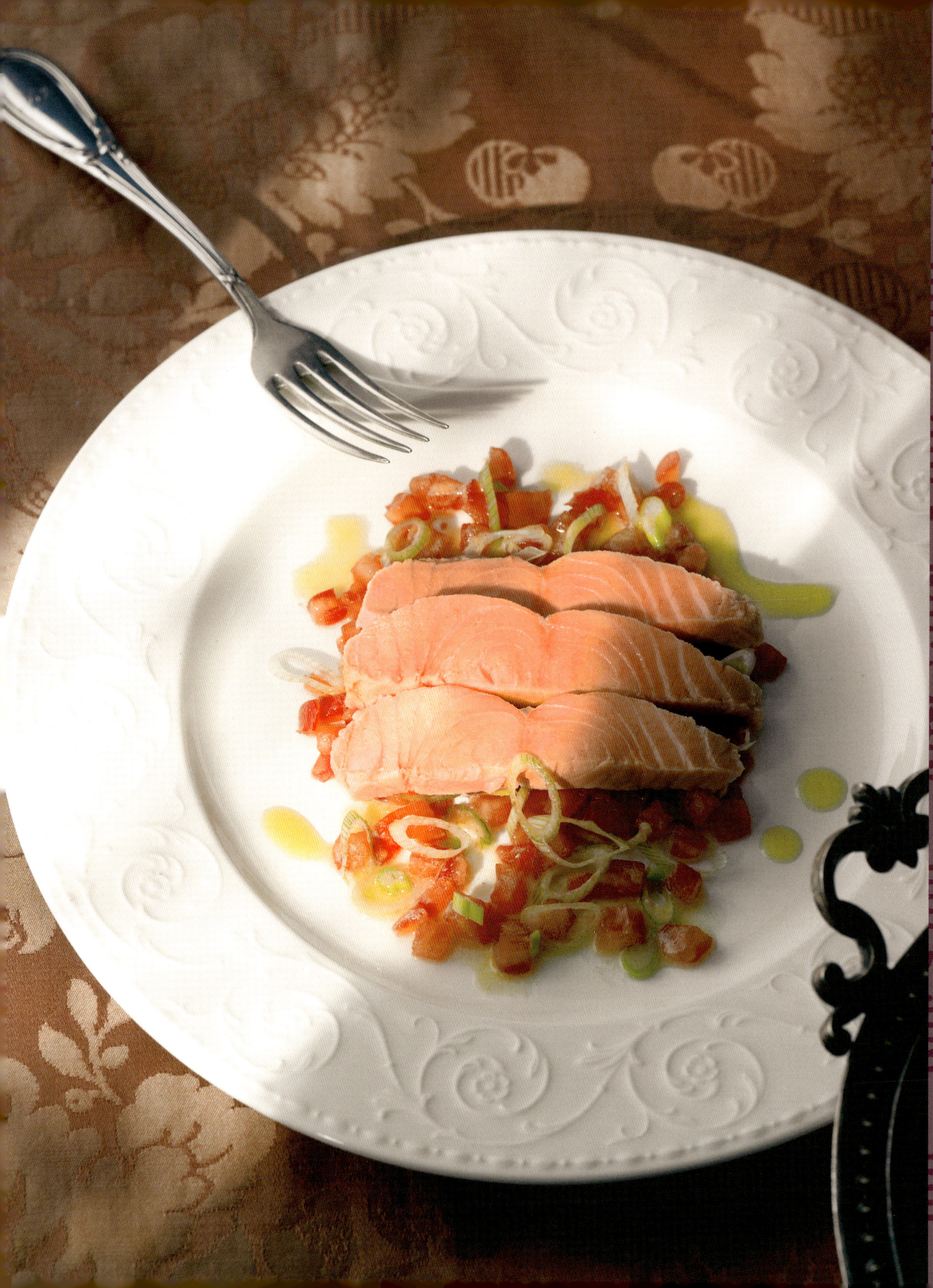

Lomi Lomi

Salat von frischem Lachs mit Tomaten

Info: In der Landessprache Hawaii bedeutet »Lomi« Massage. Die Verdoppelung des Wortes erhöht seine Bedeutung. Im Ursprungsland wird gesalzener Lachs verwendet, der über Nacht gewässert und zur Verbesserung der Konsistenz »massiert« wird.

125 g frischer Lachs
Salz
500 g feste reife Tomaten
1 Bund Frühlingszwiebeln

Für das Dressing:
1 EL Zucker
2-3 EL Reisessig
2 EL Zitronensaft
2–3 EL Sonnenblumenöl
1 TL Senfpulver
Salz und weißer Pfeffer, frisch gemahlen

Für 4 Personen

Der Lachs

1. Den Lachs kurz in Salzwasser pochieren, herausnehmen und abkühlen lassen. Dann in Scheiben schneiden.

2. Die Tomaten überbrühen, abschrecken, enthäuten, halbieren, dabei den Stielansatz und die Kerne entfernen. Das Tomatenfleisch in kleine Stücke schneiden.

3. Die Frühlingszwiebeln putzen, waschen und in feine Ringe schneiden.

4. Die Lachsscheiben, die Tomatenstückchen und die Frühlingszwiebeln auf Tellern hübsch anrichten.

Das Dressing

1. Den Zucker mit dem Reisessig vermischen, sobald sich der Zucker gelöst hat, den Zitronensaft, das Sonnenblumenöl und das Senfpulver unterrühren.

2. Mit Salz und Pfeffer abschmecken und über den Lachssalat träufeln und servieren.

Lomi Lomi – ein berühmtes Rezept von der Pazifikinsel Hawaii. Lomi bedeutet in der Landessprache »Massage«. Traditionellerweise wird gesalzener Lachs über Nacht eingeweicht und am nächsten Tag »massiert«, damit seine Konsistenz so zart wie möglich wird.

Southern Fried Chicken

Frittiertes Hähnchen

1 küchenfertiges Hähnchen
Salz
schwarzer Pfeffer, frisch gemahlen
Milch
Öl zum Frittieren
Mehl

Für 4 Personen

1. Das Hähnchen in 8 Stücke teilen, waschen und trockentupfen. Salzen und pfeffern. Die Stücke in eine Schüssel legen und mit Milch bedeckt etwa 30 Minuten an einem kühlen Platz stehen lassen.

2. Den Backofen auf 75 °C vorheizen.

3. In einem Topf das Öl erhitzen, bis an einem hineingehaltenen Holzstab Bläschen aufsteigen.

4. Die Hähnchenteile aus der Milch nehmen, mit Küchenkrepp leicht abtupfen und mit Mehl bestäuben.

5. Die Hähnchenteile in dem heißen Öl nacheinander jeweils etwa 20 Minuten frittieren. Aus dem Fett nehmen, auf Küchenkrepp etwas entfetten und auf eine Platte legen. Im Backofen warm stellen.

Tipp: In den USA wird häufig folgende Sauce dazu serviert: In einer Pfanne 2 Esslöffel Butter erhitzen, 2 Esslöffel Mehl darin verrühren und Farbe annehmen lassen. Dann nach und nach etwas Hühnerbrühe und 100 Gramm Sahne angießen und ein paar Minuten kochen lassen. Mit Salz und Pfeffer abschmecken.

Maria Callas mit ihrem Vater in New York, 1960

Chicken Royal

Truthahn gebacken

Für den Truthahn:
1 Zwiebel
2 Stangen Sellerie
70 g Butter
3 Zweige Thymian
3 Zweige Rosmarin
1 Bund Petersilie
Salz und Pfeffer, frisch gemahlen
6 dicke Scheiben Maisbrot
200 ml Hühnerbrühe
1 kleiner Truthahn (ca. 3,5 kg)

Für die Sauce:
500 ml Hühnerbrühe
2 EL Mehl
2 EL weiche Butter
50 ml Sahne

Für 8–10 Personen

1. Die Zwiebel abziehen, den Sellerie putzen und beides klein schneiden. In einer Pfanne 20 Gramm Butter erhitzen, das Gemüse darin andünsten. Die Kräuter waschen und hacken. Zum Gemüse geben und mit Salz und Pfeffer abschmecken.

2. Das Maisbrot in Würfel schneiden und zusammen mit der Hühnerbrühe in die Pfanne geben (der Inhalt sollte feucht, aber nicht flüssig sein). Ofen auf 175 °C vorheizen.

3. Den Truthahn waschen und trockentupfen, mit Salz und Pfeffer innen wie außen würzen und mit der Brotmasse füllen. Die Öffnung zunähen, die Flügel unter den Rücken stecken und mit den Schenkeln nach oben festbinden.

4. In einem goßen Bräter die restliche Butter erhitzen, den Truthahn damit bestreichen und bei großer Hitze rundum anbraten.

5. Den Bräter in den vorgeheizten Ofen stellen und den Truthahn etwa 2 Stunden braten. Den Vogel dabei öfter wenden und mit der Bratensauce beträufeln. Der Truthahn ist fertig, wenn beim Anstechen mit einer Gabel an der dicksten Stelle des Schenkels klare Flüssigkeit austritt. Den Truthahn im geöffneten und ausgeschalteten Herd ruhen lassen.

6. Die Bratensauce entfetten und mit der Brühe in einem Topf zum Kochen bringen. Das Mehl mit der Butter und etwas von der Brühe zu einer ganz glatten Masse vermengen und in die Sauce rühren, bei starker Hitze aufkochen lassen und die Sahne unterrühren.

Maisbrot

1/2 Würfel Hefe
1/2 l Milch
1/2 TL Zucker
100 g feiner Maisgrieß
100 g Weizenmehl
4 EL Öl
1 EL Salz
100 g saure Sahne
1 Ei

Für 1 Brot

Das Maisbrot zwei Tage vorher zubereiten.

1. Den Ofen auf 200 °C vorheizen. Die Hefe in etwas warmer Milch und Zucker auflösen. In einer Schüssel alle Zutaten gut vermengen und die Masse mehrfach gehen lassen.

2. Eine Kastenform (24–26 cm) einfetten und die Teigmasse einfüllen, in etwa 45 Minuten goldbraun backen.

Cheesecake

Käsekuchen

175 g Löffelbiskuits
1/2 TL Zimt
2 EL Puderzucker
75 g Butter

Für die Füllung:
6 Eier
1 Zitrone, unbehandelt
175 g Zucker
700 g Frischkäse
400 g saure Sahne
3 EL Stärkemehl
1 Tütchen Vanillinzucker

Für 1 Springform von 28 cm Ø

1. Die Biskuits zerbröseln und in einer Schüssel mit Zimt und Zucker mischen. In einem kleinen Topf die Butter zerlassen und unter die Biskuitmischung heben.

2. Die Kuchenform einfetten und die Bröselmasse gut darin andrücken, kühl stellen. Den Backofen auf 170 °C vorheizen.

Die Füllung

1. Die Eier trennen, die Eiweiße zu steifem Schnee schlagen. Die Zitrone waschen, die Schale abreiben und den Saft auspressen.

2. Den Zucker mit dem Frischkäse mischen, die Eigelbe und die saure Sahne zugeben und alles gut vermengen. Das Stärkemehl, den Vanillinzucker, Zitronensaft und -schale sowie den Eischnee unterheben.

3. Die Füllung auf die Bröselmasse geben. Etwa eine Stunde auf der mittleren Schiene des Backofens backen. Sobald der Kuchen Farbe annimmt, die Oberfläche mit Backpapier abdecken. Den Backofen ausschalten, den Kuchen weitere 15 Minuten im Backofen bei halboffener Tür auskühlen lassen.

Diesen köstlichen Käsekuchen hat die Callas sicher nur in Minimengen probiert. Er ist aber eine ordentliche Portion wert.

Die Jahre in Paris

Frankreich trifft Italien – europäische Cross-Over-Küche

Maria Callas im Chez Maxims, Paris 1959

Maria Callas als Norma an der Pariser Oper, 1964

Am 19. Dezember 1958 gab Maria Callas ihr Debut in der Opéra von Paris. In dem Galakonzert sang sie Arien aus *Norma*, *Il Trovatore*, *Il Barbiere di Siviglia* und *Tosca*. Im Februar 1965 trat sie erneut in der stets ausverkauften Pariser Oper auf. Das Publikum war so begeistert, dass zu den geplanten acht eine zusätzliche Aufführung angesetzt wurde, die gleichfalls sofort ausverkauft war.

Von 1966 an hatte die Callas ihren ständigen Wohnsitz in Paris, in der Avenue Georges Mandel im 16. Arrondissement.

Austern und Hummer

Schon bei früheren Aufenthalten gehörte zu ihren Lieblingsrestaurants das Chez Maxim's, dieses Symbol der besonderen pariserischen Lebensart mit dem zur Schau gestellten Luxus. Der internationale Geldadel und gekrönte Häupter gehörten zur Klientel. Der Callas gefiel das Flair der Reichen, Verwöhnten und Berühmten, zu denen sie sich nun auch zählen durfte.

Man schätzte hier vor allem Austern, auch Seezungenfilet, Hummer und die vorzügliche Schokoladentorte. Die Diva notierte sich schon in den fünfziger Jahren ein Rezept für die Weinbergschnecken nach provenzalischer Art, den »Escargots à la provençale«. Sie aß wie immer nur wenig oder nippte nur an den Gerichten. Austern und Hummer, kalorienarm und eiweißreich, gestattete sie sich hin und wieder.

Canapées à Foie gras

Canapées mit Gänseleber

200 g Gänseleberpastete
1 kleines Glas Cognac
50 g weiche Butter
12 Toastbrotscheiben
150 g gekochter Schinken in einer dicken Scheibe
Radieschen

Für 4 Personen

1. In einer Schüssel die Gänseleberpastete zusammen mit dem Cognac und der Butter gut vermengen. Die Creme sollte schön glatt sein. Dann die Gänselebercreme auf die zuvor entrindeten Brotscheiben streichen.

2. Mit einem Ausstechförmchen in Blumenform mehrere Blumen aus der Schinkenscheibe stechen und auf jeder Toastscheibe in der Mitte platzieren.

3. Die Radieschen waschen, abtrocknen und in dünne Scheibchen schneiden. Einzeln auf die Schinkenblüten setzen.

4. Die restliche Gänselebercreme in einen Spitzbeutel füllen und die Toastscheiben am Rand damit verzieren.

5. Die Canapées im Backofen kurz erwärmen und sofort servieren.

Tipp: Gelatine in Wasser einweichen, ausdrücken, in 1/4 Liter klare Hühnerbrühe geben und unter Rühren erhitzen. Die Canapées damit überziehen, damit sie schön glänzen, und die Canapées kalt servieren.

Maria Callas im Restaurant Chez Maxim's, Paris 1959

Escargots à la provençale

Weinbergschnecken provenzalische Art

2 Schalotten
1 Knoblauchzehe
50 g Champignons
50 g roher Schinken
2 EL Olivenöl
Salz
1/8 l trockener Weißwein
2 EL Sherry

1/4 l Fischbrühe
einige Rosmarinnadeln
1 Zweig Thymian
2 Dutzend Weinbergschnecken, tiefgefroren
1 Tomate
weißer Pfeffer, frisch gemahlen
4 EL Crème fraîche

Für 4 Personen

1. Die Schalotten und die Knoblauchzehe abziehen und hacken. Die Champignons putzen und mit dem Schinken fein würfeln.

2. Das Öl in einer Pfanne erhitzen, die Schalotten, den Knoblauch, die Champignons und den Schinken darin dünsten, etwas Salz, den Wein, den Sherry und die Fischbrühe dazugeben.

3. Die Rosmarinnadeln zerhacken, den Thymianzweig waschen, die einzelnen Blättchen abzupfen, hacken und ebenfalls in die Pfanne geben.

4. Das Schneckenfleisch einlegen und bei schwacher Hitze etwa 20 Minuten köcheln.

5. Die Tomate enthäuten und würfeln, den Stiel entfernen. Die Tomatenwürfel zuletzt unterziehen, die Schnecken mit Salz und Pfeffer abschmecken und mit der Crème fraîche servieren.

Tipp: Das Säubern frischer Schnecken ist sehr zeitaufwändig und mühsam. Das Angebot tiefgefrorener, bereits küchenfertig vorbereiteter Schnecken ist hervorragend und genügt auch hohen kulinarischen Ansprüchen.

Soufflé de homard mantua

Hummersoufflé Mantua

125 g Béchamelsauce (Seite 29)
1 gegarter Hummer
Salz
weißer Pfeffer, frisch gemahlen
4 sehr frische Eier

Für 6 Personen

1. Die Béchamelsauce bei schwacher Hitze sanft erwärmen.

2. Das Hummerfleisch auslösen und in kleine Stückchen schneiden und in die warme Béchamelsauce geben. Gut unterheben. Mit Salz und Pfeffer abschmecken und abkühlen lassen.

3. Die Eier trennen, die Eiweiße zu sehr steifem Schnee schlagen. Die Eigelbe unter die Hummercreme ziehen, anschließend mit dem Schneebesen behutsam, aber doch gründlich, vermischen. Den Backofen auf 180 °C vorheizen.

4. Sechs Souffléförmchen buttern. Die Masse in die Auflaufförmchen geben, diese aber nur zu zwei Drittel füllen.

5. Die Förmchen auf die mittlere Schiene des Backofens stellen und etwa 30–40 Minuten backen. Das Soufflé ist gar, wenn es sein Volumen etwa verdoppelt und die Oberfläche goldbraun ist. Die Backofentür während der Zeit auf keinen Fall öffnen.

Mag sein, dass viele es schade finden, den kostbaren Hummer für ein Soufflé zu verwenden. Wer sich diesen Genuss aber einmal leistet, wird ganz anderer Meinung sein.

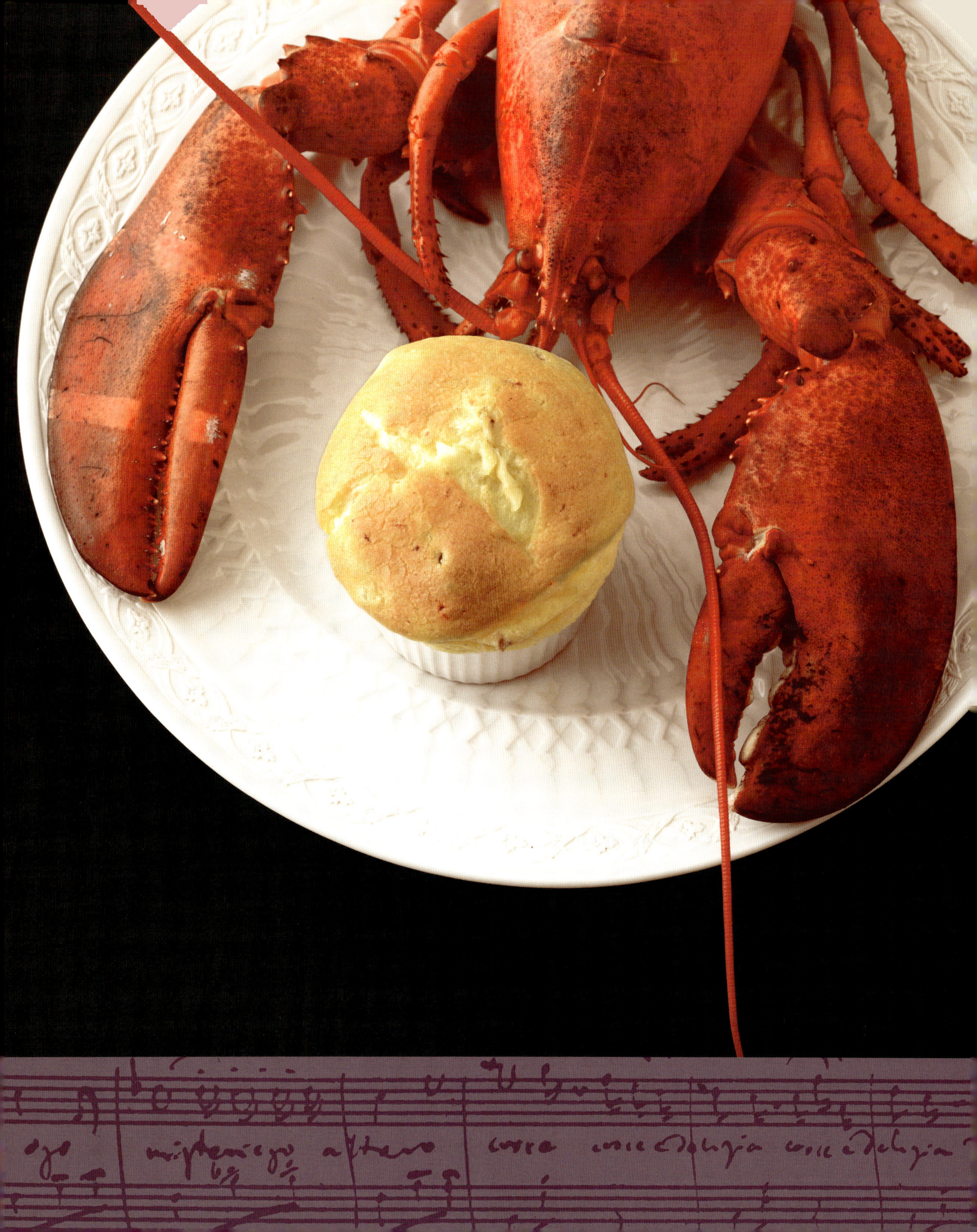

Coquilles St. Jacques Flambées

Flambierte Jakobsmuscheln

250 g Champignons (funghi parigi)
30 Jakobsmuscheln
50 g Butter
1 Glas Weißwein
1 Glas Cognac
6 El Sahne
Salz
weißer Pfeffer, frisch gemahlen

Für 6 Personen

1. Die Pilze säubern und in Scheiben schneiden.

2. Die Jakobsmuscheln waschen, öffnen, den Bart und alle dunklen Teile entfernen.

3. Die Butter in einer Pfanne erwärmen, die Pilze zufügen und gut verrühren. Sobald die Pilze kochen, das ausgelöste Fleisch der Jakobsmuscheln und den Weißwein zugeben und 2–3 Minuten garziehen und die Flüssigkeit verdampfen lassen.

4. Den Cognac angießen und die Muscheln flambieren. Die Sahne unterrühren, die Muscheln mit Salz und Pfeffer würzen und sofort servieren.

Maria Callas während einer Pressekonferenz in Hamburg, 1973

Soles à la Normande

Seezungenfilets normannische Art

Galaabend zu Ehren von Maria Callas im Foyer der Pariser Oper, 1958

Butter
4 küchenfertige Seezungenfilets (je etwa 150 g)
1 Glas trockener Weißwein
1 kleine Zwiebel
1 kleine Möhre
1 Stange Sellerie
10 g getrocknete Steinpilze
1 kg Venusmuscheln
500 g Béchamelsauce (Seite 29)
2 Eigelbe

Für 4 Personen

1. Den Backofen auf 170 °C vorheizen. Teller mit etwas Butter ausstreichen. Die Seezungenfilets darauf legen, mit Weißwein beträufeln und mit Butterflöckchen besetzen. 5 Minuten bei mittlerer Hitze im Backofen garen.

2. Die Zwiebel abziehen, die Möhre und den Sellerie putzen und fein hacken. Die Pilze einweichen. Die Venusmuscheln mehrmals waschen und gründlich säubern. In einer Kasserolle ein großes Stück Butter zerlassen, die Gemüsewürfelchen andünsten, den Wein zugießen und die Venusmuscheln in den Topf geben. Alles aufkochen lassen und etwa 6–8 Minuten im geschlossenen Topf dämpfen.

3. Die Pilze ausdrücken (Wasser auffangen), in nicht zu kleine Stücke schneiden und in der Butter anrösten, das Einweichwasser angießen und aufkochen.

4. Die Béchamelsauce erwärmen, die Eigelbe unterziehen, etwas Muschel- und Pilzsauce unterrühren. Die Fischfilets damit bedecken und im Backofen kurz überbacken.

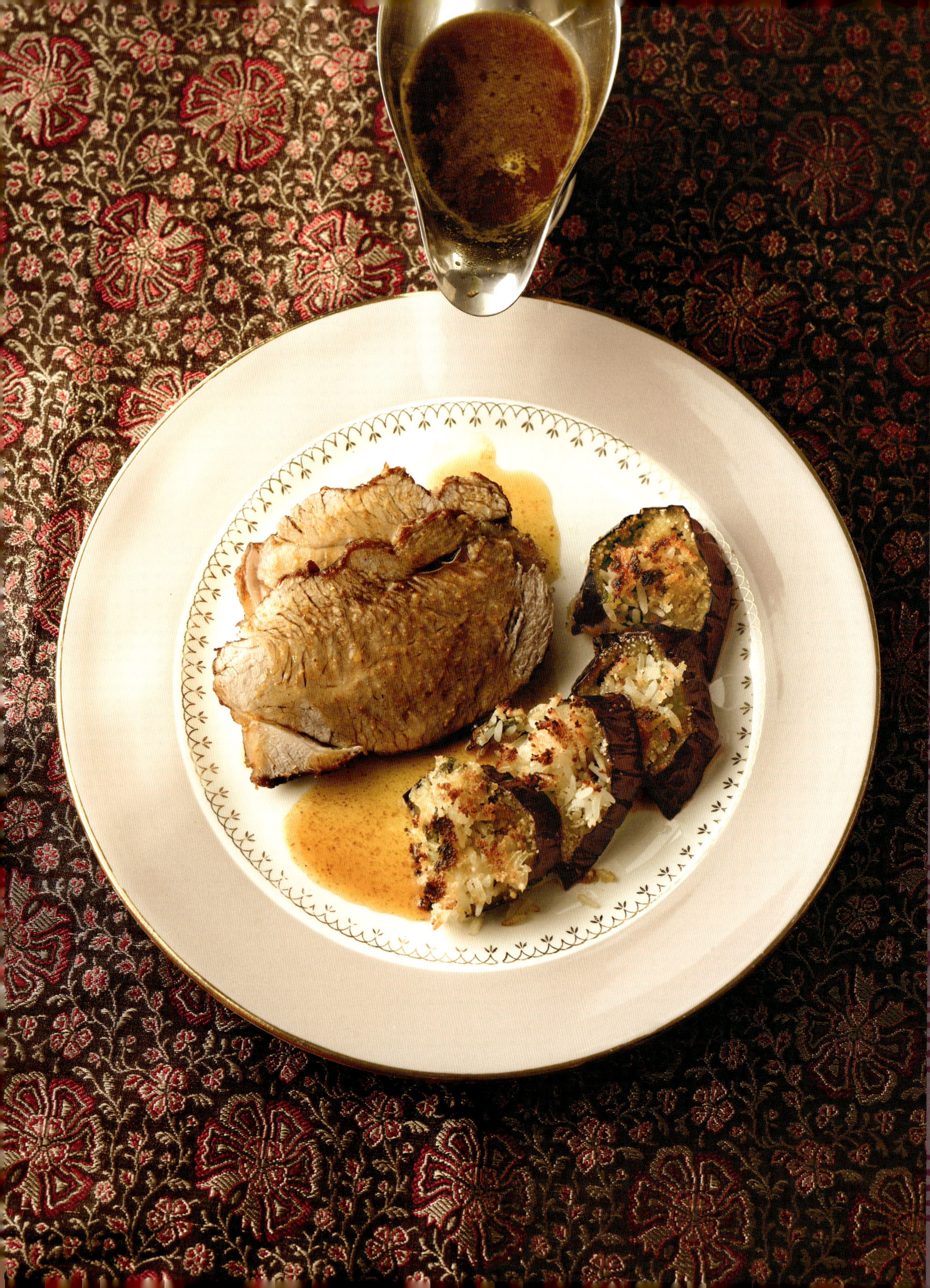

Tendrons de veau à l'orientale

Kalbsbraten orientalische Art

1 kg Kalbfleisch von der Nuss
Mehl
100 g Butter
1 EL Currypulver
1/4 l Fleischbrühe
Salz
schwarzer Pfeffer, frisch gemahlen
1 Glas Weißwein
4 Auberginen
100 g orientalischer Reis (Seite 35)

Für 6–8 Personen

1. Das Kalbfleisch von Sehnen und Häuten befreien. In Mehl wenden.

2. Die Hälfte der Butter in einem Bräter erhitzen, den Curry einrühren. Das Fleisch in den Bräter legen, die Brühe angießen. Das Fleisch salzen und pfeffern. Den Backofen auf 180 °C vorheizen.

3. Die Temperatur reduzieren und das Fleisch bei geschlossenem Deckel sanft kochen lassen. Immer wieder etwas Brühe angießen.

4. Inzwischen die Auberginen waschen, die Enden entfernen, die Früchte halbieren, die Oberflächen einölen und auf einem Backblech im Ofen etwa 20 Minuten backen.

5. Die Auberginen aushöhlen, das Fleisch mit Salz und Pfeffer würzen und mit dem orientalischen Reis vermischen. Diese Masse wieder in die Auberginen füllen. Die restliche Butter schmelzen und zusammen mit der ausgetretenen Flüssigkeit der Auberginen über den Reis träufeln. Warm stellen.

6. Nach einer Stunde Garzeit prüfen, ob das Fleisch gar ist. Dazu an einer Stelle mit einem Holzstäbchen anstechen; ist der austretende Saft klar, ist die Garzeit perfekt.

7. Den Kalbsbraten auf eine vorgewärmte Servierplatte legen.

8. Den Bratensaft mit dem Weißwein ablöschen, lösen und nochmals stark aufkochen lassen. Nochmals mit Pfeffer und Curry abschmecken.

9. Den Braten aufschneiden und mit der Sauce und den gefüllten Auberginen servieren.

Der Kalbsbraten orientalische Art bekommt seine exotische Note durch den Curry und die Kombination mit Auberginen.

Boeuf Bourgignon

Burgunderbraten

1 dicke Scheibe magerer Speck
800 g Rindfleisch aus der Schulter
500 g dünn geschnittener Speck
1 Bund Küchenkräuter
1 Zwiebel
500 g Möhren
1 Kalbsfuß
1 Lorbeerblatt
je 1 Glas Weiß- und Rotwein
100 ml heiße Fleischbrühe
Salz
schwarzer Pfeffer, frisch gemahlen

Für 4 Personen

1. Den Speck in dünne Streifen schneiden. Das Rindfleisch mit dem Speck spicken.

2. Einen schweren Schmortopf mit dünnen Speckscheiben komplett auskleiden.

3. Die Küchenkräuter waschen, trockentupfen und zerteilen. Die Zwiebel abziehen und in Scheiben schneiden. Die Möhren putzen und ebenfalls in Scheiben schneiden. Die Gemüsescheiben auf die Speckschicht legen. Den Backofen auf 180 °C vorheizen.

4. Auf dieses Gemüsebett das Rindfleisch und den Kalbsfuß legen. Die Küchenkräuter und das Lorbeerblatt zugeben, den Wein und die Brühe aufgießen. Salzen und pfeffern.

5. Den Topf verschließen und in den Backofen stellen. Das Fleisch etwa 2–3 Stunden schmoren lassen. Das Gericht im Topf servieren und erst bei Tisch öffnen.

Maria Callas und Di Stefano auf dem Hamburger Flughafen 1969

Patate parisienne

Kartoffeln Pariser Art

500 g neue Kartoffel
75 g Butter
500 ml Sahne
100 ml Milch
Salz
75 g Mehl
5 Eier
100 g Parmesan, frisch gerieben

Für 4 Personen

1. Die Kartoffeln gut waschen. Ungeschält in Wasser nicht ganz weich kochen.

2. Die Kartoffeln abgießen, etwas abkühlen lassen und pellen. In Scheiben schneiden. Zusammen mit 30 Gramm Butter in die Sahne geben und darin kochen.

3. In einem Topf die Milch mit der restlichen Butter und etwas Salz zum Kochen bringen. Das Mehl mit etwas kaltem Wasser glattrühren und in die Milch geben, unter ständigem Rühren aufkochen lassen. Dann ein Ei nach dem anderen einrühren, bis eine cremige Sauce entsteht. Den Backofen auf 180 °C vorheizen.

4. Die Kartoffelmasse in eine ofenfeste Form geben, die Milch-Ei-Sauce darüber geben. Mit dem Parmesan bestreuen und 30 Minuten auf der mittleren Schiene des Backofens überbacken.

Tipp: Für die in Butter geschwenkten Bohnen eignen sich junge Buschbohnen am besten. Noch delikater schmecken allerdings die dünnen, zarten Keniabohnen, die inzwischen in vielen Feinkost- oder Biomärkten erhältlich sind.

Haricots verts

Grüne Bohnen

1 Bund Petersilie
1 kg grüne Bohnen
Salz
80 g Butter
schwarzer Pfeffer, frisch gemahlen
1 EL Zitronensaft

Für 6 Personen

1. Die Petersilie waschen, trockentupfen und fein hacken. Die grünen Bohnen putzen und in ausreichend Salzwasser kochen.

2. Anschließend mit eiskaltem Wasser abschrecken und abtropfen lassen.

3. In einer großen Pfanne die Butter erhitzen, die Bohnen und die Petersilie hinzufügen, salzen und pfeffern. In der Pfanne schwenken, und mit dem Zitronensaft verfeinern.

Beignets

Windbeutel

1/4 l Wasser
100 g Butter
1 Prise Salz
1 EL Zucker
125 g Mehl
4–5 Eier

Für etwa 10 Stück

1. Das Wasser in einer Kasserolle mit der Butter, dem Salz und dem Zucker zum Kochen bringen.

2. Das Mehl sieben und auf einmal dazu geben und kräftig einrühren. Darauf achten, dass die Masse nicht anliegt – es sollte sich eine glatte Teigkugel bilden, die sich vom Topfboden löst. Vom Herd nehmen und etwas abkühlen lassen.

3. Dann nach und nach die Eier zugeben, kräftig einrühren. Der Teig sollte eine mittelfeste Konsistenz haben. Je nach Größe der Eier noch 1 Ei dazugeben. Den Backofen auf 220 °C vorheizen.

4. Den Teig in einen Spritzbeutel füllen und kleine Häufchen auf ein gebuttertes Backblech setzen. (Wenn kein Spritzbeutel vorhanden ist, lassen sich die kleinen Teigkugeln auch mit einem angefeuchteten Esslöffel formen.)

5. Im vorgeheizten Ofen auf der mittleren Schiene etwa 12 Minuten backen. Die Beignets sollten schön aufgehen und goldbraun werden.

6. Die abgekühlten Windbeutel mit einem scharfen Messer etwas aufschneiden und mit der Konditorcreme (Rezept rechts) füllen.

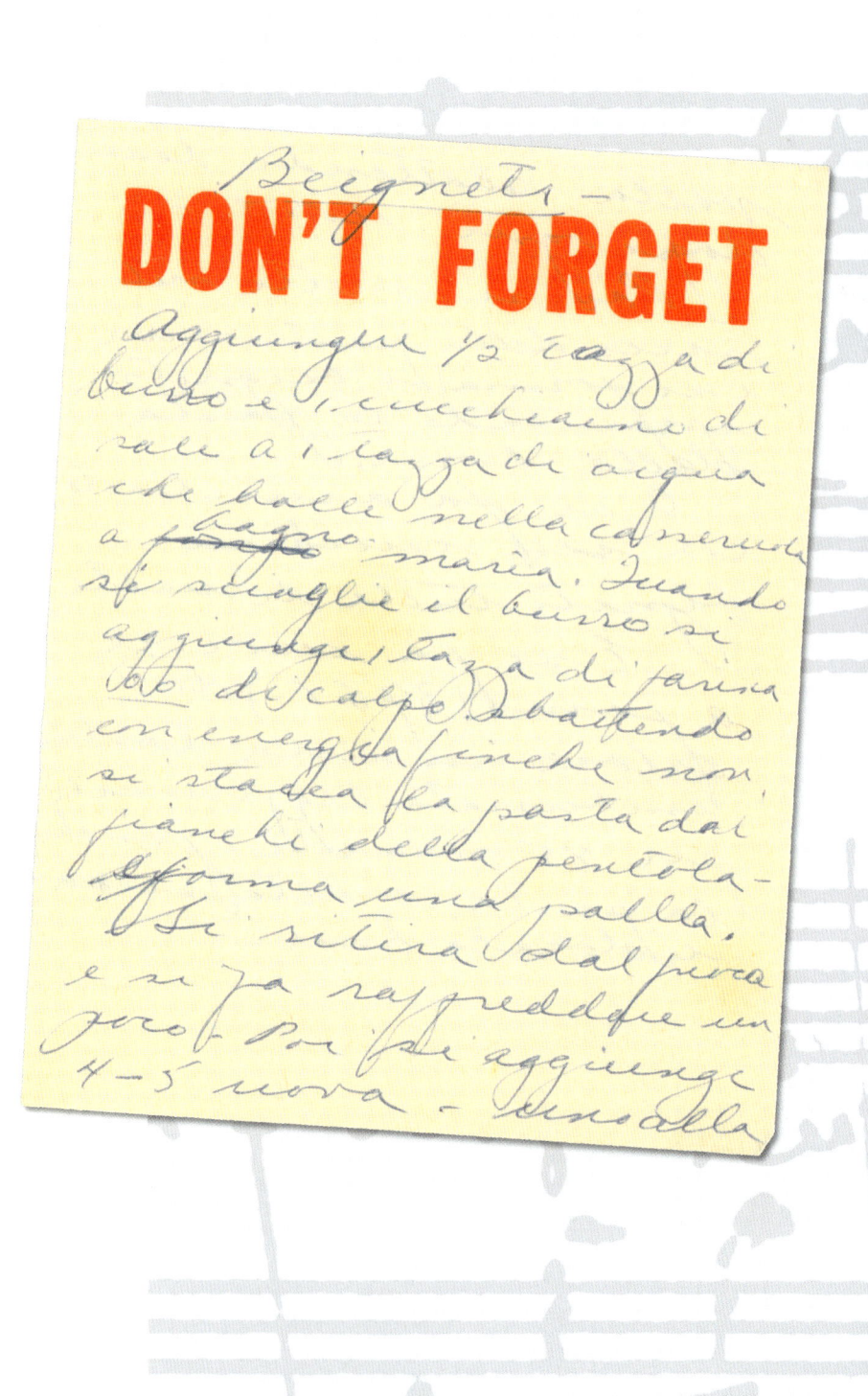

Crème anglaise

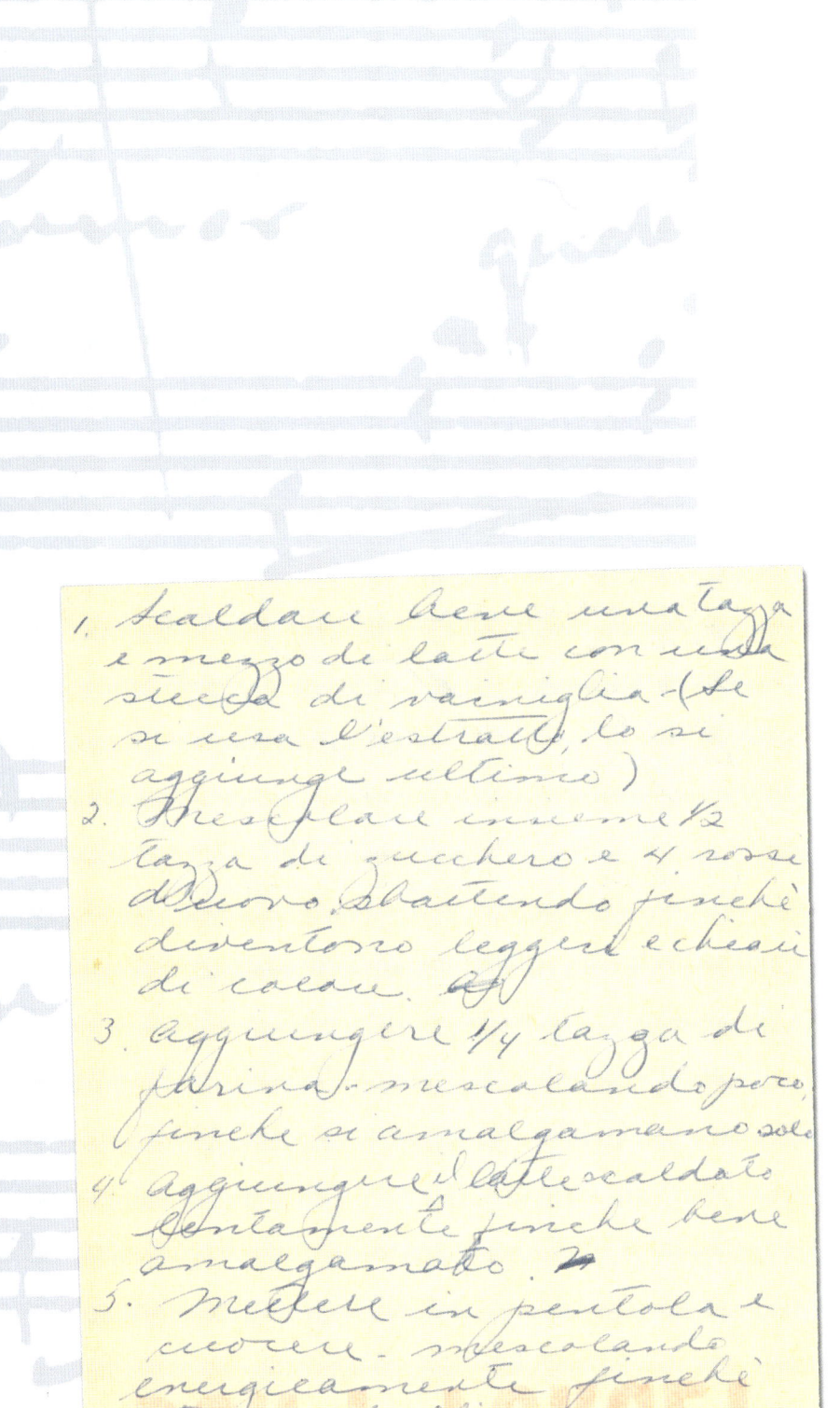

Konditorcreme

Mark von 1/2 Vanilleschote
100 g Zucker
40 g Mehl
4 Eigelbe
1/2 l Milch

Füllung für Windbeutel (s. Rezept links) oder Biskuitkuchen

1. Die Vanilleschote aufschlitzen, das Mark herauskratzen.

2. 50 Gramm Zucker, das gesiebte Mehl, die Eigelbe und die Hälfte Milch mit einem Schneebesen gut verrühren.

3. Die restliche Milch mit dem restlichen Zucker und dem Mark der Vanilleschote und den Schotenhälften aufkochen.

4. Die angerührte Mehlmischung noch einmal gut durchrühren und langsam in die kochende Milch rühren. Einige Male aufkochen lassen. Dabei darauf achten, dass die Creme nicht anliegt. Die Vanillestange herausnehmen.

5. Die fertige Creme durch ein Sieb geben und abkühlen lassen. Dabei immer wieder umrühren, damit sich keine Haut bildet.

Tipp: Die Creme mit wenig Zucker bestreuen, dann bildet sich ebenfalls keine Haut und man muss nicht rühren …

Désir de Roi

»Wunschtraum des Königs«

10 g Butter
450 g Himbeeren
6 cl Himbeerwasser
200 g Löffelbiskuits
50 g Zucker
4 EL Johannisbeergelee

Für 4 Personen

1. Eine Form mit Butter fetten. Himbeeren verlesen, möglichst nicht waschen.

2. In einer flachen Schale das Himbeerwasser mit der gleichen Menge Wasser vermischen.

3. Die Löffelbiskuits einzeln kurz eintauchen und den Boden der Form damit auslegen.

4. Eine Schicht Himbeeren einfüllen und mit wenig Zucker bestreuen.

5. Dann wieder eine Schicht Biskuits auflegen und darauf wieder Himbeeren und Zucker.

6. Diesen Vorgang so lange wiederholen, bis die Form gefüllt ist. Mit einer Schicht Löffelbiskuits abschließen.

7. Mit Frischhaltefolie abdecken und über Nacht in den Kühlschrank stellen.

8. Das Johannisbeergelee in einem Topf langsam erwärmen und verflüssigen.

9. Das Dessert auf Teller verteilen und mit Johannisbeergelee beträufelt servieren.

Tipp: Noch köstlicher wird das Dessert, wenn jede Himbeerschicht mit Vanillecreme (Seite 135) bedeckt wird.

Der »Wunschtraum des Königs« ist für jedermann erfüllbar, denn dieses verführerische Dessert lässt sich schnell zubereiten und gelingt immer.

la divina in cucina

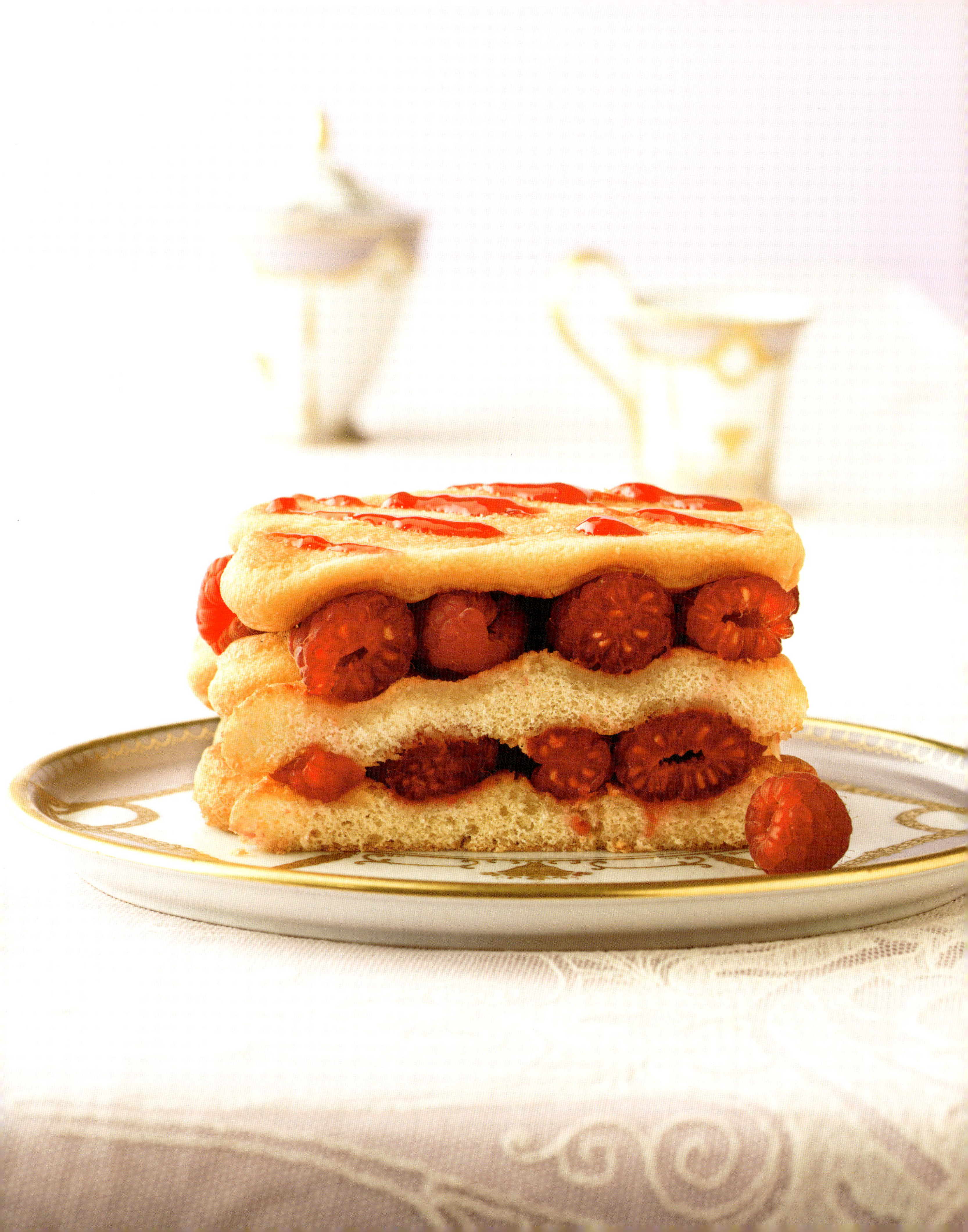

Karriere, Freunde, Wegbe

Maria Callas mit Giuseppe di Stefano, San Remo 1972

gleiter

Bruno Tosi

Großartig und ruhelos bis zur Verzweiflung

In der Oper gab es nur die »Göttliche«. Wie es im Kino nur die Garbo gab. Großartig, voller Unruhe, erst unförmig, dann superschlank, erst ungelenk, dann die Eleganz in Person. Hofiert und angebetet. Und in gleichem Maße gehasst. Der Ehemann und der Geliebte, der alte und ihr ergebene Meneghini, der steinreiche und ungestüme Onassis. Theater, Kino, Skandale und Tränen.

Ruhelos bis zur Verzweiflung, bis zum Tod in der Einsamkeit. Es war 1977 in Paris, ein Freitag im September, ihr 54. Lebensjahr noch nicht vollendet. Ihr Tod bleibt ein Geheimnis, denn die Legende kann nicht akzeptieren, dass ein Mythos dahingeht wie ein normaler Mensch.

Sie war eine typische Vertreterin der Jahre, in denen sie lebte, der Jahre des Wiederaufbaus und des Wirtschaftsbooms, dem Starrummel hingegeben und oft auch der Übertreibung. Maria Callas vertrat all das und vielleicht noch mehr. Als ihre Zeit mit all den Rosen und den Exzessen, aber auch den Ängsten und Kaprizen vorüber war, entschied sie sich zu gehen. Man weiß alles über die schönste Stimme des 20. Jahrhunderts. Die Archäologen der Geschichten und Erinnerungen haben selbst die intimsten Geheimnisse nicht ausgelassen. Wer von ihnen wusste, konnte der Versuchung nicht widerstehen, sie auszuplaudern.

Lachen und Eifersucht, Lieben und Lügen. Von der griechischen, gut im Fleisch stehenden drallen Dirn bis zur schlanken Muse mit den übergroßen Augen und dem immer ein bisschen zu rot geschminkten Mund. Selbst das Privateste wurde nach ihrem Tod ans Licht gezerrt; eine Geschichte voller Rechtsstreite, Prozesse, Entwendung der Urne, Alltäglichkeiten und Niederträchtigkeiten.

Sie war die Callas und basta. Eine Stück um Stück konstruierte Legende. Von der Geburt in New York als Tochter glückloser griechischer Emigranten bis zur Ankunft per Schiff in einem Italien, das gerade dabei war, die Lebensfreude wiederzuentdecken. Sie kam üppig ausgestattet, eine Miss nach der neuesten Mode, und mit geändertem Nachnamen, wie es damals üblich war: die Loren, die Lollo und viele andere, so war sie eben die Callas.

Sofort lag sie im Wettstreit mit Renata Tebaldi, wie es dem Zeitgeist entsprach und auch der Fall war bei Coppi und Bartali (Radrennfahrer), bei Nuvolari und Varzi (Rennfahrer), De Gasperi und Togliatti (Politiker). »Sie hat kein Rückgrat«, sagte die Callas von der Rivalin. Und die schlug zurück und sagte: »Ich habe ein Herz, sie nicht.«

Dann in Verona die Hochzeit mit dem schon betagten, bekannten Industriellen, die Erfolge, die sie zu einem immer bedeutenderen internationalen Star machten, die Abmagerungskur; und ein anderer griechischer Emigrant, der in ihr Leben trat. Ihn lernte sie auf einem Empfang der Maxwell kennen, den diese in Venedig gab, damals Hollywoods bekannteste Klatschkolumnistin, und bei ihm blieb sie, auf seiner Yacht, die in den Bädern Wasserhähne aus Massivgold hatte und mit einem großen Gemälde von El Greco aufs Meer schaute.

Viele Jahre lang lebte die Callas an der Seite des reichsten Mannes der Welt, der sie plötzlich fallen ließ, um einen anderen Mythos der damaligen Zeit zu heiraten, die Witwe von John F. Kennedy. Von da ab die Einsamkeit.

Nun sang sie fast nicht mehr, in Paris zog sie sich völlig zurück, verunsichert, traurig, auf der Suche nach Zuneigung, die sie nicht fand. Nur für den kurzen Moment eines kinematografischen Abenteuers konnte sie die Trauer abschütteln, als sie in Pier Paolo Pasolinis Medea mitwirkte. Sie wurde immer einsamer: Sie, die die ganze Welt bereist hatte, zahlte wie keine vor ihr; sie, die eine Aufführung unterbrach, obwohl auf dem Ehrenplatz im Parkett der italienische Präsident saß.

Sie ließ eine Karte zurück, auf der die letzten Worte der *Gioconda* von Amilcare Ponchielli aus dem letzten Akt stehen: »Suicidio … in questi fieri momenti …« (Selbstmord – in dieser furchtbaren Stunde). Und das französische Radio verkündete den Tod der Divina mit den Worten: »Die berühmteste Stimme der Welt schweigt für immer.«

Es waren viele Jahre vergangen, seit die Callas für ihr privates Wappen ein einziges Wort gewählt hatte: »Ich«.

Dacia Maraini

Erinnerung an Maria Callas

In den fernen frühen siebziger Jahren unternahm ich zusammen mit Pier Paolo Pasolini lange Reisen nach Afrika, und einmal war auch Maria Callas dabei.

Mit Maria zu reisen, war wie ein Spaziergang mit einer »Stimme«, die sich als Frau verkleidet hat. Genau wie die Nase des Kollegien-Assessors Kowalow, die als Major verkleidet nach Petersburg geht.

Nicht, dass sie selbst erwogen hätte, diese sublime und einmalige Stimme zu besitzen, um die die Leute, die sich um sie scharten, einen Fetischismus trieben, als würde dieser Körper außer der Stimme nicht auch ein Herz und ein Hirn bergen.

Maria Callas war eine Frau, die den Anschein erweckte, robust und selbstsicher zu sein. Doch wenn man sie besser kannte, dann entdeckte man in ihr ein sentimentales und melancholisches Kind. Eine griechische Bäuerin, die beim Anblick eines mit Pailletten besetzten Abendkleides oder eines Brillantrings die Augen aufriss, wie es eine makedonische Hirtin tun würde, die vom Zauber einer unerwarteten Vision in Bann geschlagen wird. Ihr mondäner Charakter war ein Spiel, durchaus grausam, aus dem sie sich nicht zu befreien wusste, ohne sich selbst zu verletzen. Doch man begriff, dass sie in diesem großen Traum allein war, einsam und ohne Waffen, oft terrorisiert von der Zerbrechlichkeit ihres Geistes.

Wenn sie irgendetwas Taktloses sagte, dann schaute Pier Paolo sie lächelnd an und dann entfuhr ihm ein »Mariaaa« mit einem extrem in die Länge gezogenen »a« am Ende, und dann schwieg sie beschämt, aber zugleich auch zufrieden darüber, derart liebevoll von einem Dichter beachtet zu werden, den sie bewunderte und in den sie verliebt war.

Ich erinnere mich, dass sie angesichts dieser Liebe so wehrlos und ergeben war, dass man den Wunsch bekam, sie zu beschützen. Merkwürdig, dass sie dem Publikum immer als eine starke und zynische Frau präsentiert wurde. Auf mich machte sie genau den gegenteiligen Eindruck, und ich bin sehr froh, dass ich mir diese zarten und freundlichen Erinnerungen an eine Callas bewahren konnte, die vielleicht die (von ihr selbst gewollte) Verbannung von der Bühne als etwas Unverzeihliches und Schmerzhaftes empfand und die sich der Liebe mit inbrünstigem und ängstlichem Geist hingab.

Maria Callas an ihrem Schreibtisch in der Wohnung in Mailand, 1957

Luchino Visconti

Die unverwechselbare Tragödin

Da ich Maria Callas kannte und bei zahllosen Gelegenheiten direkt mit ihr zusammenarbeitete, kann ich einige Beispiele nennen, um die Arbeitsweise der Callas zu verdeutlichen und wie sich die Arbeit mit ihr gestaltete.

Zunächst fällt mir die *Anna Bolena* ein, eine der Aufführungen, die Gavazzeni und ich gemeinsam machten. Die Figur erwuchs aus den »musikalischen« Studien, die die Callas unter der Anleitung von Antonio Tonin machte, dem Gesangslehrer, und unter Gavazzeni; es war ein intensives und tägliches Studium. Ich assistierte immer: nicht eine einzige Viertelstunde versäumte ich. Und das nicht nur, weil mich die Sache selbst begeisterte, sondern weil mir dadurch auch klar wurde, wie die Personen später auf die Bühne gebracht werden müssen; bei einer Oper können die Bühnengestalten nämlich nichts anderes sein als die logische Folge dessen, was sich aus der musikalischen Figur ergibt. Erst im Musiksaal, dann Stück um Stück auf der Bühne: das dauerte zwanzig Tage, wenn ich mich nicht irre. Und als dann die Szenenproben begannen, assistierte Gavazzeni seinerseits bei meiner Arbeit, und jedes Mal diskutierte er dann mit mir. Auf diese Art näherten wir uns schließlich dem Ziel. Übrigens wurde, soweit ich weiß, dabei niemals irgendjemand von der Callas angegriffen, mit aller Vor- und Rücksicht machte sie ihre Einwände. Es war schnell offensichtlich, dass *Anna Bolena* für sie eine neue Oper war (mehr als für das Publikum). Doch bei der *Traviata* beispielsweise, auch an der Scala inszeniert, waren die Dinge in keiner Weise anders. Die Callas hatte die *Traviata* bereits ich weiß nicht wie viele Male gesungen, sie kannte sie in- und auswendig, aber an der Scala, wo Giulini am Pult stand, begann auch das musikalische Studium ganz von vorn, als würde es sich um eine vollkommen neue Sache handeln. Sie übte jeden Morgen, mindestens ein paar Stunden lang, am Nachmittag hatten wir dann Saalprobe. Ich gab ihr eine bedingte Freiheit, eingeschränkt nur durch den Rahmen des Zusammenspiels, dennoch war diese Freiheit zweifelsohne beträchtlich. Ich glaube, niemand hätte eine Callas »manövrieren« können, ohne ihrem Motor die Möglichkeit einzuräumen, selbst die Gänge zu wählen, so dass man sehen kann, was einen Versuch wert ist. Ich habe ihr immer Grenzen gesetzt oder sagen wir, Ziele vorgegeben, dann aber habe ich zu ihr gesagt: Innerhalb dieser Schranken kannst du machen, was du willst. Ein einfaches Beispiel, *Traviata* erster Akt, wenn *Violetta* die Stimme von *Alfredo* hört, da sagte ich ihr: Lauf' zur Rampe bis vor die Fensterscheibe, aber laufe in der Art, wie du willst. Und sie fand ihre Weise zu laufen, und die behielt sie dann mit absolut identischer

Luchino Visconti und Maria Callas, Mailand 1960

Exaktheit bei, denn die Callas gehörte zu jener Spezies von Künstlern, die, wenn sie etwas auf den Punkt gebracht, etwas zur Reife gebracht haben, daran nichts mehr ändern, denn sie haben keinen Grund mehr, jedes Mal nach etwas Neuem zu suchen. Ein anderes Beispiel ist der Beginn von *Iphigenie auf Tauris* von Gluck: Sie kam auf die Bühne, stieg eine sehr steile Treppe hinauf, schwebte nahezu im Leeren, eilte dann während des berühmten Gewittersturms wieder hinunter, lief an die Rampe und setzte ein. Ich hatte ihr nur gesagt: Steig hinauf, bleib im Sturm stehen, dann komm runter; komm im richtigen Moment für deinen Einsatz an die Rampe. Das war alles. Ich hatte ihr keine Tempi vorgegeben, denn Maria hatte die Tempi im Blut, alles ging instinktiv bei ihr. Nun wissen wir aber alle, dass sie kurzsichtig war: In der Dunkelheit sah man von den Stufen nur die feinen weißen Signalstriche, aber sie wollte nichts anderes, es genügte ihr. Ich befand mich in den Kulissen und stand Tausend Ängste aus, denn ich sah sie mit dem Mantel mit der zwanzig Meter langen Schleppe die Stufen hinauf und hinunter rennen, während der Ventilator hinter ihr mächtig blies, aber sie stieg in exakt der richtigen Zeit hinauf und herunter und hatte genug Atem, um im Fortissimo einzusetzen, sobald sie angekommen war. Solche Dinge kann man nur mit einer Künstlerin machen, der man vollkommen vertrauen kann, weil man ihr Gespür für die Zeit kennt, ihren musikalischen Instinkt, weil man weiß, dass sie eine dramatische und tragische Schauspielerin ist. Ich sage nicht, dass man dieses System bei allen guten Schauspielern anwenden kann, aber hier ist die Rede von Maria Callas, und ich hätte jedem dringend abgeraten, anders mit ihr umzugehen und sie anders zu führen. Es gibt Regisseure, vor allem deutsche, und darunter die allergrößten, die vielleicht Schwierigkeiten gehabt hätten, eine Callas im Zaum zu halten. Ich habe viele Jahre lang mit Bühnenschauspielern, mit Filmschauspielern, mit Tänzern und Sängern gearbeitet; und ich muss sagen, dass Maria vielleicht das disziplinierteste Element war, das mir je zwischen die Finger kam. Nicht nur bat sie nie darum, die Proben zu reduzieren, vielmehr war sie immer von der ersten Minute an mit vollem Einsatz und aller Intensität dabei, gab immer alles, sang immer, bis der Dirigent abklopfte, mit voller Stimme, auch wenn ich ihr sagte, sie solle ihre Kräfte schonen. Und sie war so sehr am Gesamtschicksal der Aufführung interessiert, dass es sie jedes Mal erzürnte, wenn die Kollegen zu den Proben zu spät kamen. Wenn eine Primadonna sein bedeutet, dass man sich anders als auf diese Weise aufführt, dann würde das heißen, dass die Callas keine Primadonna war.

Maria Callas und Luchino Visconti, Venedig 1954

Carla Fracci

Die schokoladenbraune Maria

Ich möchte nichts Persönliches über Maria Callas erzählen, obwohl ich ihr in einigen schwierigen Momenten ihres Lebens sehr nahe war. Ich möchte mich Marias nur als »die Callas« erinnern.

Die Callas? ... Ich habe sie aus nächster Nähe gesehen, Augen, Hirn und Ohren weit aufgesperrt. Ich habe sie mit Augen, Hirn und Ohren verschlungen. Ich habe sie geliebt, wie es allein das Feuer der Jugend erlaubt. Ich habe sie beweint, wie es nur die nicht mehr ganz Jungen können, die erkannt haben, dass die Innovatoren, die Gurus, die Revolutionäre, kurz jene, die zum Wohl der anderen etwas riskieren, jene, die ausgebrannt sterben, keine Evangelisten finden, die die Wahrheit wieder zurechtrücken, sondern bloß Geschwätz und zwar ausschließlich indiskretes Geschwätz von solchen, die manchmal vermeinten, durch das Schlüsselloch des Vorzimmers irgendetwas gesehen oder gehört zu haben.

Die Callas? ... Maria erschien eines Tages mitten unter uns ... schlecht geschminkt in der Farbe der Motta Schokolade. Wir, mit derselben Motta Schokoladenfarbe als kleine Negersklaven für die Aida geschminkt, hatten eigentlich, wie üblich, die von uns hoch verehrte Renata erwartet, als unter der Aufsicht der Inspizientin Simonetti sie zum Auftritt bereit in den Kulissen erschien: die Callas.

Wer war diese Fremde? ... Instinktiv beäugten wir sie mit Misstrauen ...

Wer war diese griechische Großedicke?

Wir liebten unsere Renata, die Tebaldi! ... Ich bewahre sie auf ... wie eine Reliquie ... »Aida 1949 Renata Tebaldi«, die Karte mit dem dicken Schmierfleck aus Schweiß und brauner Theaterschminke, den die verschwitzte Hand zurückgelassen hatte, als sie mir die Autogrammkarte reichte ... Te-baldii. Für uns Ballettratten bedeutete Renata, die so jung und schön war, so herzlich, und die diese unvergleichlich schöne Engelsstimme hatte, viel ... sehr viel. Sie bedeutete, dass der Krieg in immer weitere Ferne rückte, dass wirklich wieder Frieden einkehrte, dass die Illusion der Ruhe schweigender Waffen vielleicht doch Wirklichkeit wurde ... Diese Stimme bedeutete Frühling, sie bedeutete, dass an den Böschungen der Flüsse wieder die Blumen blühten, sie bedeutete, dass die »Azurblauen Himmel« aus *Aida* für immer himmelblau bleiben und sich niemals wieder blutrot färben würden ...

Für uns kleine Motta-Schokoladenmohren, mit unseren Kruselperücken aus schwarzem Krepppapier, war die Tebaldi ein zarter blauer Engel, obwohl sie dieselbe braune Schminke im Gesicht trug wie wir, ein Engel, den uns die Scala zum Geschenk gemacht hatte, uns zugeführt durch die Hand des absoluten Meisters Arturo Toscanini, unseres Gottes, der in der Phantasie unserer kleinen Mohrenköpfe alles erreicht hatte, alles, sogar den Maurerlehrling, nur damit der so schnell wie möglich die Türen der beschädigten Scala reparieren konnte, alles geschaffen, nur nicht den Tod und den infamen Krieg, der nun langsam, langsam aus der Erinnerung schwand.

Und jetzt plötzlich diese Großedicke, die da schokoladenbraun mitten unter uns stand und auf ihren Einsatz wartete um ... ihr »Ritorna vincitor!« ... ihr »Patria addio, mai più di rivedrò« zu singen ...

Ich war dreizehn Jahre alt und sperrte Augen, Hirn und Ohren auf. Die Großedicke mit dem ganz leicht grätschbeinigen Gang kam zur Seite der Bühne, stand zwischen all den katzbuckelnden Statisten, der Gasse der kleinen Mohren, wartete, dass das zum-zum der Trompeten ende und sie auf der leeren Bühne ihren Einsatz habe: »Ritorna vincitor« – Als Sieger kehre heim. Pause ... Und in dieser »Pause« waren Bühne, Zuschauerraum, Foyer, Piazza Scala, Uhr, Lüster, Chorsänger,

Tänzer, Bühnenarbeiter, Näherinnen und auch ich unter den kleinen Mohren, alle erstarrt, wie urplötzlich hineingestürzt in den riesigen, unendlich tiefen Brunnen der völligen Fassungslosigkeit … alle wie erstarrt …

… Ist *Antigone* jetzt nicht mehr *Antigone*? … Ist die Liebe jetzt keine Liebe mehr, wenn der Tod die Brüder ereilt? … Und dann Sieger über was, wenn doch die Seele frei ist? Und die Himmel azurblau sind und die Wälder für immer einbalsamiert? … Oder ist es nur die Erinnerung? Eine Illusion? … Ist der Krieg noch nicht vorbei? Lauert der Holocaust doch noch gleich um die Ecke? Ist doch keiner wieder aufgetaucht? Wäre doch alles verschlungen worden in einem einzigen totalen Zusammenbruch? … Und das Mitleid … wird es nie wieder Mitleid geben?

Und dann erinnere ich mich an nichts mehr; ich weiß nicht, wie dieser Abend zu Ende ging … *Aida* 1950, vielleicht endete alles mit einem gewaltigen Schlag, einem crash zwischen dem Vorher und dem Nachher; das heißt, vor ihr, der Großendicken, und nach ihr. Denn das war ganz sicher: Es hatte sich etwas geändert. Ihre schweren Fußstapfen hatten sich tief eingeprägt in den »heiligen Boden«, den die Bühnenbretter des Theaters der Scala bedeuteten.

Einige weitere Male bin ich ihr auf der Bühne nahe gewesen, eine kleine Figurine weit im Hintergrund so vieler Fotografien. Und dann, mit einem Mal, direkt neben ihr, als kleines Mädchen aus Palermo mit einem Blumenstängel in der Hand in der *Sizilianischen Vesper* und dann noch näher als zweite Hexe in einem *Macbeth*, bei dem Maestro De Sabata auf der ganzen Linie über Piave, Verdi und Shakespeare siegte.

Sie, die griechische Großedicke, die Lady, war wie nie zuvor vollgesogen von Grauen, besessen von einer boshaften Niedertracht, die aus dem tiefsten Dunkel kommt, als wäre die Frau nicht mehr Frau, sondern nur noch Gefäß, verseucht bis an den obersten Rand, bis in den fernsten Winkel ihrer Weiblichkeit, als müsse sie Hekate ausspeien und mit ihr hundert sterile Uteri, als ihr Einsatz kam und sie zu singen begann … und zuletzt dann war sie vor Schmerz der Wahnsinn in Person: »A letto … a letto … andiam, Macbetto … « … und sie stieg mit ihrem Gesang, stieg und stieg, als müsse sie bis ganz hinauf auf den von geronnenem Blut starrenden Calvarienberg, stieg nachtwandlerisch auf, die Augen aufgerissen und in eine unauffüllbare Leere starrend, als wäre sie eine wiederauferstandene *Adelaide Ristori*.

Dann *La Gioconda* »Suicidio … in questi fieri momenti … tu sol mi resti!« … und in meiner Erinnerung ziehen hundert schwarze Gondeln vorüber und Wagner stirbt jeden Abend hundert Abende lang, und Venedig versinkt hundert Mal im jaucheverseuchten Dunkel und Liszt mit seinem Brückenwaagen-Pianoforte, erst austariert und dann versunken in der teerigen Lagune … Allein augenfällig bleibt der unangemessene Akt der Selbsttötung, der Tod, der vor dem vorherbestimmten Tod kommt, und der engmaschige violette Schleier, um die Krater abzudecken, die ihr das Gesicht verwüsten … Sie ist *La Gioconda* und ich tanze die *Furlana* in einem scheußlichen, zerknitterten Gewand, aber ich schaue und sehe und sammle Schätze.

Achtung! Achtung! Es beginnt der Kampf der goldenen Kehlen. Die Melomanen sind dabei sich zu entzweien, hier die einen, da die anderen: Sie, die Großedicke, trifft im *Troubadour* mit einer unsterblichen *Leonore* ins Schwarze. Die andere, die Tebby, die Engelsstimme, hält mit einer *Tosca* dagegen. Maestro Giulini erhöht die Spannung mit der Tebby: eine schwindelerregende *Adriana* und das Match steht unentschieden … Giulini legt noch einmal mit einer *Wally* nach, bei der die Tebaldi mit »Me ne andrò lontana« die Höhe des eisigen Gipfels des Everests erreicht. Die Großedicke hängt in den Seilen. Aus Amerika kommt Leonard Bernstein, schlägt die Greifer in Meneghini-Callas, die Union entwickelt eine unerhörte Kraft und es erblüht *Medea*, die als eine ganz neue Zauberin erscheint, eine provokante Bestie, eine mysteriöse kindsmörderische Halbgöttin. Euripideisch hatte Catina Paxinu sie gelehrt, die strenge Würde des rasenden Hasses der königlichen Zauberin auszudrücken, die in der Liebe verraten wurde, und sie landet einen Knockout: Lobgesang und Ruhm. Der Zeiger der Bilanz fängt an, in schwindelndem Tempo zu rotieren. Hier die eine,

Maria Callas und Leonard Bernstein Medea, Scala 1953/54

da die andere. Auftritt Tebaldi als *Desdemona*! Was soll man tun: Zähren ... Zähren ... Zähren ... was soll man dagegen tun? Noch besser als dies und man stirbt. Aber sieh, da ist die andere; sie ist nicht mehr die Großedicke. Herbert von Karajan und Giuseppe Di Stefano bleiben hinter ihr zurück, sie ist *Lucia von Lammermoor*, endlich ohne Kikeriki. Lucia, ihr eigener Wahnsinn? Das totale Ereignis. Eine solche Tollheit ... seit den Tagen Donizettis, sagt man, wurde sie nie so konzipiert und seit einem Jahrhundert haben wir Lucia nicht so gehört. Mit ihr ist das Verhängnis im Melodram auferstanden: Primadonna assoluta unter anderen Primadonnen. Und ich glaube fest, dass von diesem Moment an nichts mehr zu machen war: eine Stunde Applaus in Wien. Die Callas war endgültig geboren.

1954, was für eine Verschwendung an der Scala! Im April nur vier armselige Aufführungen der *Alceste* von Gluck. Die Meneghini-Callas setzt ihre Abmagerungskur fort und singt die von Gluck intonierten Worte Calzabigis, als hätte sie in ihrem Körper die unruhige Seele Rahels, die sie vorantreibt. Ich klammere mich an die Griechin, einen Oberschenkel hier, einen Arm da, den anderen Oberschenkel dort, den anderen Arm da, eine alberne Tunika verhüllt gnädig die künstlichen Gesten der modehörigen Choreographie – die personifizierte Hässlichkeit. Doch ich beobachte sie, höre ihr zu, verschlinge sie, ich renne um sie herum, nehme ihre Schleppe auf und folge ihrem Abgang, ganz ihre demütige Magd.

Auftritt der Vestalin. Sant'Ambrogio 1954. Sie? Die Großedicke eine hochaufgerichtete Spindel, eine Zirpe. Canova und Fussli, Spontini und Visconti und sie, in weißem Umhang, wie eine Göttin. Die Hände ein Füllhorn roter Rosen schreitet sie auf das Proszenium der ersten Reihe links zu: dort ist Toscanini. Sie, die Göttin, überlässt uns die Rosen, umklammert mit den Händen den samtbeschlagenen Balluster, und geht vor ihm in die Knie, Toscanini, macht ihn zum Gott unter Göttern. Delirium. Franco Corelli lacht mit wunderschönem, tränenüberströmtem Gesicht. Ich sehe alles, ich bin in der vierten Reihe, endlich in einem romantisch himmelblauen Tutu und kleinem silbernen Kürass, Gefolge der Göttin Minerva in der Apotheose des Finales.

Es beginnt das Jahr 1955: Ich bin achtzehn Jahre alt. Boom! Mailand schwelgt frenetisch im Wirtschaftsboom. Der geehrte Herr Oldani, die administrativ-taktisch-artistische Eminenz der Scala entscheidet: Nach der *Nachtwandlerin* von Bellini (Hauptrolle Maria Callas) wird den Abgängerinnen der Ballettschule der Laufpass gegeben. Luigi Oldani, der die Scala wie seine Westentasche kannte: Leben – Tod – Wunder – und auch, in welchem hintersten Winkel des Hauses sich die Gerätschaften der Putzfrauen befinden, in einem Theater so unverzichtbar wie die Blechbläser für *Aida*.

In jenen Tagen sollte die Krankheit der Callas mir zum Glück gereichen. Derart abgemagert war sie, die Großedicke, dass sie dürr war wie Pinocchios Freund Lucignolo. Winzige Abstriche beiseite, war sie zur Schönheit erblüht. Großartig war sie schon immer.

Die *Sonnambula* mit Maria Callas unter der Regie von Visconti, mit Leonard Bernstein am Pult, stand für Mitte Februar auf dem Spielplan, genau das Richtige für einen politisch-mondänen Theaterabend in Zeiten

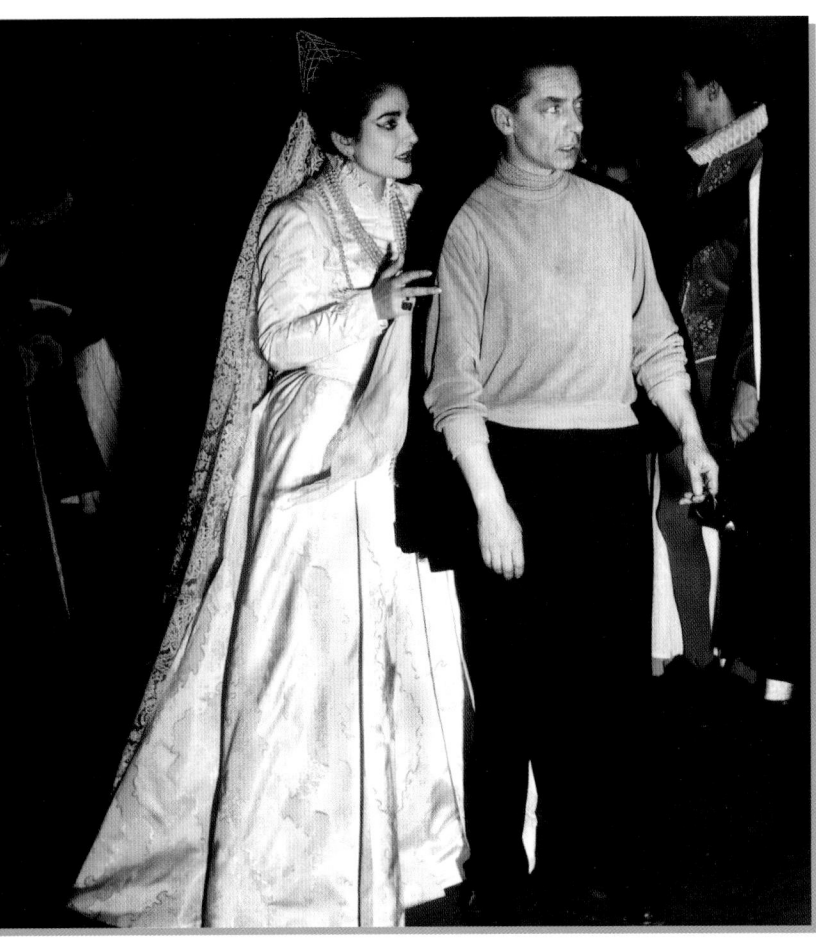

Maria Callas und Leonard Bernstein bei den Proben zu Lucia di Lammermoor, Berlin 1955

des Booms. Doch, oweh! Das heißersehnte Spektakulum musste Tag um Tag verschoben werden: Die Maria (so nannten wir alle die Callas) war erkrankt; die vielen zur Abmagerung geschluckten Mittelchen hatten ihr einen üblen Streich gespielt: ein Hautausschlag und eklige Pusteln im Nacken. Obendrein heftige Fieberschübe, die sie ins Bett zwangen, eingeschlossen im Grand Hotel. Inzwischen vollendeten die fünf diplomierten Eleven ihre Vorbereitungen für einen Ballettabend, der Mitte März Premiere haben sollte. Zu fünft bereiteten wir ein Divertimento zur Musik von Tschaikowsky vor, und ich sollte als Solotänzerin zusammen mit Mario Pistoni »Le spectre de la rose« tanzen, ein poetischer, großartiger Pas de deux, der zum glanzvollen Repertoire der Ballettgötter Tamara Karsawina und Waslaw Nijinsky gehörte.

Die Tage vergingen und die ärztlichen Bulletins, die in der Portierloge des Grand Hotel von Giambattista Meneghini verlesen wurden, dem Ehemann der Callas, sprachen wieder und wieder vom Fieber der Maria, doch sei sie auf dem Wege der Besserung. Das Interesse an der Gesundheit der Sopranistin war groß. Schließlich kam das siebte Bulletin: vollkommene Genesung. Sofort wurden die Proben wieder aufgenommen, doch das Datum der Premiere musste von Mitte Februar auf den 5. März verschoben werden. Angesichts dieser Aussicht verfügte Herr Odani: »Nachtwandlerin nach hinten verschieben, Aufführung der Eleven vorziehen … Feststellen, ob möglich …!« Mit wenigen wunderschönen Leinwänden, traumhaft von Piero Tosi bemalt, wandelte sich das Szenarium der *Somnambula* in einem Nu: Magie! Allgemeine Beschleunigung; alle arbeiteten wie durchdrehende Berserker.

Tag der Premiere: Außergewöhnliches Publikum. Die Piazza della Scala großartiger als Sant'Ambrogio; Stars, Sternchen und Schaulustige zu Hunderten, in den Garderoben Blumen über Blumen und Geschenke für alle. Vom Superintendenten Ghiringhelli ein Blumenbukett, groß wie eine Mongolfiere, für die Callas. Für jede von uns fünf diplomierten Eleven gab es von Dottore Ghiringhelli ein Goldkettchen, Zeichen, dass wir acht Jahre lang in der Ballettschule verblieben waren, sich aber nun die Nabelschnur ohne Schmerz durchtrennen lasse; doch uns bedeutete das Kettchen auch, dass die Scala uns für immer an ihre Kette gelegt hatte.

Wir Eleven kamen um achtzehn Uhr ins Theater, erst aufwärmen und die Muskeln lockern, dann ab in die Garderobe zum Schminken. Die Callas war gewiss schon seit siebzehn Uhr im Theater, um die Stimmbänder zu lockern. Um zur tiefsten Seelentiefe der somnambulen Amina vorzudringen bedurfte es der pingeligsten Vorbereitung, langsam und präzis und zugleich rasch und überspannt, jenseits aller Schemata.

In nur wenigen Jahre hatte sich Maria eine Ballerinentaille angehungert. Doch als sie nun, bereit für den ersten Auftritt im ersten Akt, in den Kulissen erschien, ganz in Weiß gekleidet, von makellosen Blumen bekrönt, glaubte ich meinen Augen nicht trauen zu dürfen. Ein Luftgeist. Maria, wiedererstanden als ein Hauch! Die Hohepriesterin des romantischen Tanzes hatte die Gestalt von Maria Callas angenommen. Alles lief perfekt: Gesang und Tanz ein unwiederholbares Ganzes, wunderbar, sublim … Maria Callas singt und wir tanzen die Schönheit der Seele der *Amina*. Als sie dann für den letzten Akt erschien, ah! Ich vermeinte, sie gar nicht mehr zu sehen … gewiss wird sie bald verblüht sein, oh Blume …! Möge diese Wehklage doch nie zu Ende gehen, möge sie für ewig andauern, auch wenn für mein rosafarbenes Kleinmädchenkostüm, das ich für Spectre anlegen sollte, kein Platz und keine Zeit mehr wäre. Nie ist Schmerz aus einer reinen, zu unrecht angeklagten Seele so hervorgequollen; wie unvergleichlich wunderbar war die Kunst einer Diva wiederhergestellt. Ein ruhiger, aber unendlich langer Applaus, ich konnte mich nicht losreißen aus diesem Zauber, aus dem es kein Erwachen gab. Schließlich verließ ich die Seitenkulisse, in der ich lauschend gestanden hatte, rannte in die Garderobe, um mich für meinen nächsten Auftritt umzuziehen. Das Warten war zu Ende, in wenigen Minuten würde ich an der Reihe sein. Ich war glücklich und ruhig.

Die Musik für meinen Tanz setzt ein, der Vorhang öffnet sich, ich betrete die Bühne … Ich habe keinerlei weitere Erinnerung mehr an jene Minuten: Im Gedächtnis ist mir allein die Stimme von Visconti, die mir nachruft: »Kommst du nachher mit mir zum Essen? … Maria wird auch kommen«.

Elvira Biki Bouyeure

Spontane Kunst der wahren Eleganz

Maria Callas war die wahre »Göttin«, und Göttinnen sterben nicht! Wer sie gekannt hat, der kann sie nicht vergessen!

In einem Theater, das selbst schon ein Mythos ist, konstruierte Maria mit ihrer Stimme, mit ihrer Intelligenz und ihrer absoluten Professionalität ihren eigenen Mythos und stieß damit direkt in die Legende des Melodramas vor.

Den ersten Applaus nach Verona erhielt sie in Venedig, dann in Florenz, Rom, Mailand, wo sie sehr bald zur Königin der Scala wurde. Mit dem Ensemble der Scala trat sie dann beim 11. Festival von Edinburgh in der *Nachtwandlerin* von Vincenzo Bellini auf. Aus aller Welt war das Publikum zusammengeströmt und schenkte ihr zum Schluss einen zehnminütigen Applaus.

Maria Callas, Chez Elle, Mailand 1958

Ich habe sie 1949 in Hause des Dirigenten Arturo Toscanini kennengelernt, und von diesem Tag an war sie mir dreißig Jahre lang Freundin und treue Kundin.

Eine Sache fiel mir sofort an ihr auf: Ihre Verachtung für unnütze Dinge und für nichtssagende Unterhaltungen. Eins ist ganz sicher, sie lebte intensiv und auf einem Niveau, auf dem der Durchschnittsmensch gemeinhin nicht lebt. Es gab keinerlei Sentimentalitäten, wie sie sonst üblich sein mögen, es war, als ob Maria eine geheime Mission zu erfüllen gehabt hätte. Sie sagte immer, niemand hätte ihre Biographie schreiben können; niemand hätte sie gekannt, wie sie wirklich sei, mit all ihren guten und schlechten Eigenschaften.

Natürlich galt in der Gesellschaft und in ihren menschlichen Beziehungen: »C'était la simplicité même«. Die Kunst, in der sie sich verwirklichte, der Gesang, die Gestik, das Wort zählten nur mit Blick auf das Ergebnis. Doch dies erkaufte sie sich teuer, denn es war schwierig durchzuhalten: Nur einem eisernen Willen, wie Maria ihn besaß, konnte es gelingen, jeden Vorsatz auszuführen, und da sie sich dem extrem ernsthaft ständig unterwarf, versteht man jetzt ihre Reaktionen. Ihr verdanken wir die Wiedergeburt des Melodramas, sie hat die Jugend wieder dazu gebracht, die Musik zu lieben.

Ihr verdanken wir die zehn besten Jahre der Nachkriegszeit und Mailands schönste Jahre: Die einfachsten Schreibkräfte schrieben ihr, sie hätten durch ihre Interpretation der *Lucia* von Donizetti eine tiefe innere Dimension in den expressiven Trillern des Gesangs entdeckt, in der Art und Weise, in der sie sich mit einem Schleier bedeckte oder im feuerroten Mantel der *Medea* über die Bühne stürmte.

Es war das Jahr, in dem man nach einem Abend in der Scala Maria Callas zusammen mit Bernstein, Schippers, Georges Prêtre und Giancarlo Menotti an einem Tisch sehen konnte.

Sie hatte Verlangen nach der absoluten Schönheit, im Leben wie in der Kunst. Ich glaube, der Grund, warum sie für meinen Schwiegersohn Alain Reynaud (er war es, der 25 Jahre lang all ihre Kleider für sie entwarf) Freundschaft und Zuneigung empfand, war der Eindruck, dass alle auf ihrem eigenen Gebiet dieselbe Sprache sprachen; er war vielleicht der einzige Mensch, dem gegenüber sie sich öffnete und dem sie ihre wahre Natur zeigte. Sie waren echte Kameraden. Eine Freundschaft, die aus Verständnis erwuchs, aus Achtung und Zuneigung. Maria Callas war unsere Kundin, alles wurde für sie kreiert, und mein Schwiegersohn Alain war auch dann, wenn er unsere allgemeine Kollektion entwarf, von dieser Freundin und Kundin inspiriert, die mit ihrer starken Persönlichkeit unsere Mode beeinflusste. Die elegante Art, mit der sie sich eine Stola umlegte, war einmalig, keine einzige Trägerin hätte sie an Eleganz überbieten können. Die katzenhaften Schritte ihres Gangs waren von wahrer Eleganz.

Nie, niemals werde ich sie vergessen, vor allem aber kann ich nicht vergessen, wie sie das erste Mal in mein Atelier in der Via S. Andrea kam und sagte: »Darf ich mir zur Freude, Ihre Kundin zu werden?"

Sie sagte immer zu Alain, sie sei uns als Kundin treu geblieben, weil seine Kreationen die schöne Frau eleganter machten und die elegante Frau noch schöner.

Wenn Maria Ferien machte von den Triumphen an der Scala und dann auf internationalen Bühnen, so war sie schlicht eine gute Bürgerin: Zusammen mit ihrem Ehemann reiste sie nach Ischia, verbrachte dort besinnliche Wochen in aller Stille, genoss das Meerwasser und die Sonne.

Maria war das Emblem des stolzen Selbstbewusstseins und der Eigenliebe.

Mit der Zeit zog sie sich ganz in ihre Kunst zurück, studierte zwei Stunden täglich Gesang, wobei sie sich selbst am Piano begleitete, und fand in der Musik und der Kunst eine Zuflucht.

Maria Callas in ihrer Wohnung, Mailand 1958

Maria Callas in ihrer Wohnung, Mailand 1957

Franco Zeffirelli

Ein Traum von einer Aufführung

Meine Freundschaft zu Maria Callas entwickelte sich, als ich selbst in meinen Anfängen steckte, 1947/48, und sie setzte sich fort bis zu dem Tag, an dem sie starb. Wir verloren uns aus den Augen und fanden uns wieder. Zusammen haben wir die größten Momente erlebt. Ich debütierte an der Scala praktisch zur selben Zeit wie sie. Sie war mir dort lediglich um zwei Jahre voraus. Die fünfziger Jahre waren schwierig. Ich machte viele Aufführungen, doch nur eine einzige mit ihr. Wir arbeiteten 1955 zusammen, mit immensem gegenseitigem Vertrauen: ein wahnsinniger Erfolg. Wir waren beide sehr jung. Maria fühlte sich immer jung bei mir. Sie sagte mir oft: »Weißt du, wir zwei sind wie Blumen, wir haben dasselbe Alter, wir sind im selben Jahr geboren.« Wir hatten eine ganz besondere Beziehung. Mit Visconti hatte sie ein hervorragend gutes Verhältnis. Mit ihm schuf sie Meisterwerke, aber sie wurde oft wütend, immer war irgendwas ... Ich war immer der Freund, der Bruder ... es waren eben unsere Jugendjahre. 1965 hatte sie mit *Tosca* ein großes Comeback. Sie sagte zu mir: »Ohne dich hätte ich diese Aufführung niemals gemacht, doch bei dir habe ich die Freude an der Arbeit wiedergefunden.« Sie suchte, sie fand ... Sie hatte die *Tosca* ein Dutzend Mal interpretiert, vielleicht noch öfter. Aber sie sagte zu mir: »Ich möchte bei Null anfangen, mit dir, denn andernfalls...« Ein kleines Mädchen ist sie, amüsant. Und so präsentierte sie sich auf der Bühne von Covent Garden.

Der Beweis ihres ewigen Verlangens nach Erneuerung war die *Traviata*, die wir 1958 zusammen auf die Bühne brachten. Sie hatte sie schon gemacht, mit Giulini. Es war eine sublime, weltliche *Traviata*. Sie hatte die Rolle der *Violetta* in außerordentlicher Weise entwickelt. Was für eine Interpretin! Sie hatte sie mehrmals verkörpert, in Florenz, Neapel, Venedig, Chicago. Doch was sie in Mailand machte war etwas völlig anderes, und als man uns bat, sie in Dallas zu inszenieren, schlug ich meine Bearbeitung vor. Maria verstand augenblicklich. Wir diskutierten den Charakter der Figur. Und sie verhielt sich, als hätte sie sie nie zuvor interpretiert. Jedes neue Mal war eine völlige Re-Kreation. Als ein amerikanischer Journalist sie bei einem Interview fragte: »Aber wer ist diese *Traviata*?", da antwortete sie: »Sie ist eben eine andere *Violetta*. Auch ich bin ja eine andere Person als ich es vor zwei Jahren war, als ich die Rolle in Mailand interpretierte, und wieder eine andere als die, die diese Partie vor vier Jahren in Neapel sang. Ich ändere mich, ich bin heute eine andere Frau. Ich habe Dinge verstanden, habe Dinge gelernt, die ich damals noch nicht wusste, heute sehe ich die Figur der *Violetta* in einem anderen Licht.« Maria war einmalig, eine musikalisch derart perfekte Persönlichkeit, mit einer Stimme, wie sie eigentlich unmöglich ist, einer Stimme, die alles mit absoluter Perfektion konnte. Sie war ein Genie, und ein Charakteristikum des Genies ist es, alle eigenen Schwachpunkte genial erscheinen zu lassen, wie eben das Problem ihrer Stimme: Das Problem ihrer

Maria Callas in der Rolle der Violetta, Mailand Scala 1955

Stimme war der Registerwechsel, der manchmal brutal war, aber sie machte ihn zur Besonderheit ihrer Kunst.

Sänger werden nur selten geboren, noch seltener solche wie sie. Sie konnte sich Freiheiten herausnehmen, die jeder Komponist akzeptiert hätte, ja geradezu hätte verlangen müssen. Sie sagte oft: »Ich bin mir sicher, dass Verdi hier einen Akzent gewünscht hätte, er hat ihn nicht geschrieben, aber ich bin sicher er hätte ihn gewollt.« So ist sie in der Passage der *Traviata* am Ende der Oper immer eine zum Opfer gewordene Frau, die »ein bisschen dramatisch, ein bisschen romantisch …« singt, wie Amelia, Gilda. »Man muss dafür einen robusten Gesang entwickeln. Es ist eine große Szene.« Maria sang mit großer Kraft und man tadelte sie dafür. »Aber«, pflegte sie zu sagen, »erstens bin nun einmal stark, eine Frau, und kein kleines Mädchen, das da stirbt, und außerdem wollte Verdi mit dieser Art organischer Orchestrierung eine große Szene.« Sie sang bewunderungswürdig und sie hatte Recht. Hier herrscht keine Gefühlsbetonung; das ist nicht Puccini und auch nicht Bellini. Es ist »Drama«. Die Callas hatte Recht mit ihrer Vorstellung von einer großen dramatischen Szene.

Sie war auf die gleiche Weise außergewöhnlich und einmalig, wie es die Naturkatastrophen sind, die sich alle fünftausend Jahre einmal ereignen, wie der Ausbruch des Krakatau. Es ist wie das Zusammentreffen übernatürlicher Elemente, übermenschlicher, die sich vereinen, um ein Phänomen hervorzubringen. Auch die Malibran hatte nicht diesen künstlerischen Einfluss wie die Callas. Die Pasta war eine große Interpretin, aber man darf niemals vergessen, dass der Diapason ihrer Epoche niedriger war, heute ist er höher. Nur so lässt sich erklären, wie es möglich war, dass die Pasta die *Norma* neunzehn Abende in Folge an der Scala singen konnte. Sie sang gar nicht. Sie sang nur die erste Arie, dann rezitierte sie, deutete nur noch an, skizzierte, nur dann und wann sang sie mit voller Stimme. So war jeder Abend anders. Und deshalb strömte das Publikum jeden Abend wieder ins Theater. Die Callas konnte das nicht machen, und deshalb wurde für sie das Singen immer schwieriger. Es war genau diese Schwierigkeit, die sie letztlich veranlasste, die *Norma* ganz aus ihrem Repertoire zu streichen. Ihre Interpretation war sublim, dank ihrer Reife als Frau und all ihrer Erfahrungen. Sie öffnete sich ganz und gar dem Verständnis der weiblichen Figuren und verlieh ihnen eine außergewöhnliche Dimension.

Unglücklicherweise war ihre Stimme geschwächt … oder zumindest erreichte sie nicht mehr die Gipfel, die sie in der Vergangenheit bezwungen hatte, und Maria wollte Perfektion. Prêtre war überzeugt, dass es besser sei, gewisse schwierige Passagen tiefer zu setzen, die anderen Sänger machten es so … Vor der Aufführung sagte er: »Es wäre schade, eine derart sublime Schöpfung einer Gefahr auszusetzen … nur für zwei Noten … warum erniedrigst du nicht, niemand wird es bemerken.« Doch sie antwortete: »Halt du dich an deine Arbeit, möglicherweise wird es im Publikum keiner bemerken, aber ich schon.« Statt zwanzig Aufführungen machte sie nicht mehr als drei oder vier … und es gab einen Ansturm auf die Kassen … Sie haben die Oper revolutioniert. Ich war wütend über die Reaktion der Presse … Sie sang wunderbar bei der zweiten und dritten Aufführung … sie war herausragend. Ein Traum von einer Aufführung. Sie war völlig losgelöst von aller Realität.

Im Privatleben konnte sie unangenehm werden. Doch sowie sie aus der Kulisse auf die Bühne trat, war sie sublim. Man muss das als einen Teil der kreativen Spannung verstehen, sie ist dermaßen stark und extrem, dass auch die Persönlichkeit stark und aggressiv, ja unangenehm wird. So war es auch bei Maria, doch niemals ohne Grund. Der Grad ihrer Unsicherheit provozierte sie auch hier.

Jedes Mal, wenn Maria die Bühne betrat, musste sie die beste Sängerin der Welt sein. Es war unmenschlich, aus jeder Ecke der Welt kam das Publikum, um sie zu sehen und zu hören, also war der Druck, unter dem sie stand, total; das zerstörte sie. Die anderen Sängerinnen, zum Beispiel auch die Simionato, eine gute Freundin der Callas, wussten das. Die Simionato sagte mir einmal: »Es ist nicht gerecht. Ich komme mit einer Erkältung nach Wien, ich kann singen wie ich will, kein Mensch merkt etwas … höchstens einige wenige, aber Maria muss absolut perfekt sein, jedes Mal, es ist nicht gerecht.«

Giulietta Simionato

Die Ohrfeige

Das erste Mal begegnete ich Maria Callas in Venedig, wo ich meine erste *Carmen* machte und sie für *Tristan und Isolde* engagiert war. Als ich ihre *Isolde* hörte, bemerkte ich sofort, dass sie eine große, außergewöhnliche Persönlichkeit besaß, ohne jedoch die Grandezza dieser Künstlerin schon voll einschätzen zu können. Als sie, noch immer in Venedig, an drei Abenden für die Carosio in den Puritanern einsprang, war dies die Geburtsstunde der »großen Callas«. Kurz darauf wurden wir Freundinnen, als wir in Catania zusammen in der *Norma* sangen. Ich erinnere mich, dass wir nach der Vorstellung allein zum Hotel gingen, untergehakt marschierten wir zu Fuß, und da Maria sehr großen Applaus bekommen hatte, fragte sie mich: »Sag mal, Giulia, wie erklärst du dir diesen Enthusiasmus des Publikums? Ich selbst würde keine zwei Lire Eintritt zahlen, um mich singen zu hören!«

Lieber noch als an die Künstlerin – man hat schon so viel über Maria gesagt und geschrieben, dass, wenn man mehr sagt, man ihren Wert nur beschädigt und verringert – erinnere ich mich an sie als Frau, so wie ich sie gekannt habe. Sie hatte nicht den Charakter, den sie zum Selbstschutz aller Welt präsentierte. Sie selbst sagte einmal zu mir: »Schau, um was zu erreichen, muss man fest auftreten, sich sträuben, die Zähne zeigen und Vernunft besitzen, aber ich, gebildet und freundlich wie ich bin, habe nie etwas erreicht. Nein, ich will es so, sonst verziehe ich mich ...« Doch sie erreichte etwas.

Maria Callas in Anna Bolena, Mailand Scala 1957

Sie war eine intelligente Frau, aber nicht in der übertriebenen Weise, wie ihre Fans sie idealisierten. Sie war auch ein Einfaltspinsel und ein sehr gutmütiger Mensch, sie lachte über alles. Sie liebte es zu scherzen, sie war sehr witzig, manchmal aber schlug sie dabei über die Stränge. Eines Tages während der Proben zu *Anna Bolena* schlug sie mir so heftig auf den Rücken, dass mich ein starker Schmerz entlang der Wirbelsäule durchfuhr; unwillkürlich drehte ich mich um und verpasste ihr eine so heftige Ohrfeige, dass sich alle fünf Finger auf ihrer Wange abzeichneten; damals war sie schon mager. Natürlich wurde die Probe unterbrochen, doch nach einer halben Stunde war alles wieder gut und wir lagen uns wieder in den Armen. Und wenn wir uns später an die Geschichte mit der Ohrfeige erinnerten, mussten wir beide lachen.

Maria war eine Frau, die die Musik und die Darstellung brauchte, um großartig zu sein. Den Film *Medea*, den sie mit Pasolini machte, ein Projekt, von dem sie sehr begeistert war, machte sie vor allem auch, weil sie Onassis beweisen musste, dass sie noch jemand war. Aber sie ist aus ihm hervorgegangen als eine *Medea* ohne Krallen und Zähne, es gab nur wunderschöne Bildsequenzen von ihr, denn Maria war ja unter anderem auch sehr fotogen. Auf der Opernbühne war ihre *Medea* eine völlig andere Sache. Da ich hinsichtlich der Premiere des Films nichts gesagt hatte, schrieb mir Maria aus Paris: »Dein Schweigen ist sehr vielsagend«, und ich antwortete ihr: »Maria, du bist die Antonomasie der Musik, deshalb brauchst du unbedingt Cherubini in der *Medea*.« Auf der Bühne war sie eine Naturgewalt, sie besaß eine mediale Kraft und Faszination, sie fiel sozusagen in eine Art Trance. Und sie hatte ein gespaltenes Publikum, auf der einen Seite die, die sie rundheraus hassten und sie nicht ertragen konnten, auf der anderen Seite die, die sie leidenschaftlich liebten und anhimmelten. Tatsächlich aber war es ihr Ehemann Battista, der sie auf wirklich bewegende Weise liebte. Ganz am Anfang, als sie ihn heiratete, fühlte sich Maria von ihm beschützt. Erst später kam ein Gefühl hinzu, das man wohl echte Liebe nennen könnte. Battista überwarf sich mit seinen Brüdern, um das Geld flüssig zu machen, das er brauchte um diese Frau zu lancieren; er ist ihr gefolgt, er liebte sie bis zum letzten Augenblick und er starb mit dem Wort »Maria« auf den Lippen. Noch kurz vor seinem Tod sind wir uns in Sirmione begegnet und er sagte zu mir: »Maria wird zu mir zurückkommen.«

In seiner Villa war alles so, wie sie es zurückgelassen hatte. Als Maria ging, hatte sie nur ein kleines Bild der Madonna mitgenommen, das sie zu jeder Aufführung mit ins Theater brachte. Als Onassis einmal nach Sirmione kam, hatte er für Battista nur Zynismus übrig; er sagte zu ihm: »Wie kannst du dir erlauben, eine solche Blume in einer Pfütze zu halten!« (Für ihn, der die Ozeane gewohnt war, war der Gardasee eben nichts besseres!).

Bevor Maria abreiste, um mit Pasolini den Film zu drehen, sind wir uns in Rom begegnet und sie erzählte mir ihre ganze schmerzliche Geschichte. Sie war sehr traurig, auch wenn sie sich bei Onassis in einer Umgebung befunden hatte, die ihr sehr gefiel und sie im ersten Moment dort überglücklich war. Doch nur in Onassis verliebt zu sein, das erkannte sie sehr rasch, war nicht genug; als Mann war er völlig verrückt und sie hatte Angst vor ihm. Sie sagte: »Trotz all dem, was dieser Mann mir angetan hat, darf Maria nicht weinen, Maria darf den Kopf nicht hängen lassen, von all meinem Leiden darf die Welt nichts wissen.« Und sie hat mir so tief bewegende Dinge anvertraut und dabei ein Schicksal sichtbar gemacht, dass man meinen könnte, dieser Frau wäre – ungeachtet all dessen, das sie hatte, als sie als Sängerin auf dem Höhepunkt ihrer Karriere stand – unter einem schlechten Stern geboren.

Maria hatte eine sehr harte Kindheit, schon mit vierzehn Jahren sang sie für die Amerikaner, um ein wenig zum Lebensunterhalt der Familie beizusteuern. Ihre Mutter zog ihre Schwester vor, und wünschte, dass die Schwester Marias Platz als Sängerin einnehmen müsse. Als wir in Mexico auftraten und einmal zusammen am Esstisch saßen, stand ich ihr bei den heftigen Streitereien zwischen Schwester und Mutter bei. Als ich Maria sagte, dass ich mich in der Situation ziemlich unbehaglich fühle, beruhigte sie mich: »Deswegen streiten wir uns ja auf Griechisch!« Sie schienen wie zwei Löwinnen. Die Mutter forderte zum Beispiel, dass Maria der Schwester vor ihrer Abreise den Verlobungsring gebe, den Meneghini ihr geschenkt hatte. Maria übersetzte mir alles und kommentierte dann: »Was soll ich machen. Was ich da für eine Arbeit reingesteckt habe!«

Nach einer unglücklichen Kindheit und dem kurzen Zwischenspiel eines Lebens voller fulminanter Erfolge kam nur zu rasch das traurige Ende, das wir alle kennen. Aber vielleicht ist es besser, dass wir das wahre Ende nicht kennen, denn ihre Stimme war ihre Kraft und die Musik war ihr Leben – ohne diese beiden existierte Maria gar nicht.

Ich sehe, dass man sich Marias heute gut erinnert; einst wurde sie in der Welt der Kunst sehr bewundert, aber nur wenig geliebt, doch es will mir scheinen, dass sie heute auch geliebt wird. Die beste Weise, sich an einen Menschen zu erinnern, ist wohl, dass wir uns im eigenen Herzen an diesen Menschen erinnern, jeder auf seine Weise.

Maria Callas als Norma, Mailand Scala 1952

Franca Valeri

Für Maria

Über Maria Callas zu schreiben ist schwer, weil es zu einfach ist. Sie ist durch das gekennzeichnet, was uns von ihr geblieben ist, die Zeugnisse ihrer strahlenden Karriere. Aber ich frage mich, mit wem sie heute vergleichbar wäre, um wen heute solche Leidenschaft herrscht, ein solcher »Lärm« gemacht würde, in den ein so großes und heterogenes Publikum verwickelt ist, wie in den sechziger Jahren um den Aufstieg dieser Persönlichkeit als einer Vertreterin einer seltenen Kunstform, die nur eine so begrenzte Bekanntheit genießt wie die Oper. Man glaubt es kaum, aber jede ihrer Bewegungen war ein Ereignis, ein Ereignis freilich im Namen Donizettis oder Verdis. Ihre Bewunderer scharten sich um sie, Feinde hatte sie wenige; doch beide waren von gleich heftigem Furor angetrieben. Maria provozierte zum Streit. Es ist klar, dass ihr Privatleben daher eine Art Schnörkel ihres künstlerischen Berufslebens war, jahrelang ein unbewusstes Anhängsel bei der Ausübung ihres Talents und ihrer Fähigkeiten. Unausgesetzt beachtet.

Maria Callas, das berühmte Foto von Luxardo, 1958

Ich erinnere mich an sie, als sie in dem Sommer, in dem sie sich auf *Anna Bolena* vorbereitete, auf Ischia aufhielt. Ein aus Venedig gekommenes, großes, dickes Mädchen (nur ihre leicht vorstehenden Augen ließen erkennen, dass sie Griechin war), fröhlich, auf liebenswürdige Weise mit den Bauernmädchen, mit denen sie befreundet war, albernd und streitend, doch in Gedanken bei jener Königin, die sie sich mit den Noten einverleibte, die sie bis zur absoluten Perfektion einstudierte. Ich bin überzeugt, dass der Weg zur den historischen Interpretationen der Callas letztlich immer instinktiv war, ganz ihr eigener, nachdem sie sich den musikalischen Part erst einmal angeeignet hatte.

Bis die Callas auf der Bühne nur noch »Sie« war, hat sie unbeugsam aller Abmagerung, aller Kritik, aller zudringlichen Bewunderung standgehalten. Die Jungen, wie ich jeden Abend in einer Komödie sage, wissen nichts von dem Geschrei um ihre mit Visconti gemachte *Traviata*, ihren *Maskenball*, ihre *Nachtwandlerin*, ihre *Norma*, ihre *Vestalin*, die erstmals an der Scala vorgestellt wurde. Wunderschön, perfekt, fabelhaft.

Ein einziges Mal sah ich, wie sich eine Zerstreutheit in ihren dramatischen Gang einschmuggelte, es war bei der letzten *Medea* an der Scala. In ihrer Garderobe sagte sie zu mir: »Ich bin müde, Franca…«.

Leider war es eine psychologische Müdigkeit. Die makellose Bühne ihrer Heldinnen war wie eingehüllt in den Rauch des Feuers jener Schnörkel und Anhängsel, die sie diskret in den Grenzen ihrer großartigen Arbeit verborgen zu halten suchte.

Zu eurem Glück, ihr Jungen, ist Marias Niedergang (kurz wie ihr Aufstieg und Glück) gespickt mit Beispielen ihrer unnachahmlichen Perzeptionen, die durch einige Konzertaufzeichnungen dokumentiert sind.

Ihr unfassbarer Tod gab den Ausschlag für ihre Definition als Mythos.

Milena Milani

Die Einsamkeit der Maria Callas

Ich betrachtete ihr undurchdringliches Gesicht aus nächster Nähe. Im *Don Lisander* in Mailand saßen wir draußen im Freien an zwei nebeneinander stehenden Tischen. Alle unterhielten sich miteinander, aber sie, »la Divina« (wie wir alle sie nannten), schien ganz in ihre eigene Welt versunken. Selbst dem Essen schenkte sie keinerlei Beachtung. Ich war ganz gebannt von ihren großen Augen, dunkle, feuchte, viel zu leuchtende Augen, und ihren pechschwarzen Haaren, schwere, streng zurückgesteckte Haare, die sich ganz der Form ihres Kopfes anpassten, und die durch keine Geste und durch keinen Windstoß in Unordnung kamen. Es war wohl bei dieser Gelegenheit, dass ich anfing, die Einsamkeit der Callas zu spüren. Ich bemerkte eine stark kontrollierte Verzweiflung, von ihr, die daran gewöhnt war, die Szene zu beherrschen, gezügelt, eine zurückhaltende Verschlossenheit, die sie auch im alltäglichen Umgang mit anderen aufrechterhielt, im Kreis derer, die sie umgaben, und insbesondere bei Fremden.

In diesem Blick, in dieser Art, wie sie den Kopf über dem schlanken, langen Hals hoch erhoben hielt, lag eine Zerbrechlichkeit, die nicht einmal allzu sehr versteckt war. Ich wurde indiskrete Zeugin ihrer Einsamkeit, die nicht von hochstrebenden Gedanken erfüllt war, sondern vielmehr von Ängsten, von akutem Leiden und vor allem von einem Mangel an Liebe.

Die Callas war immer von Bewunderern umgeben, von Menschen, die sie anhimmelten. In den fünfziger Jahren war sie mit Meneghini verheiratet, Onassis und Pasolini waren noch nicht aufgetaucht, und ihr Leben schien ein unausgesetzter Triumph. Dennoch war da diese Leere, dieser Mangel, die sichtbar wurden zwischen den Schmeicheleien, die sie umgaben.

Die Stimme der Maria Callas erhob sich über die Schranzen und Kriecher, die sie hofierten. Sie überragte die Täuschungen und die falschen Versprechen. Es war eine unvergessliche Stimme, Regen auf ausgedörrtes Land, himmlisches Manna, Tragödie, Schmähung. Aber auch extreme Einsamkeit, ohne Hoffnung, ohne Licht für sie, die außergewöhnlichste Protagonistin der Oper.

In den Jahren, die auf unsere erste Begegnung folgten, als oberflächliche Ablenkungen sich zu lichten begannen, als auch ihre Stimmbänder schon geschädigt waren, als ihre Stimme anfing, ihre Zauberkraft zu verlieren, da gelang es der Callas nicht, den Wert und das Geheimnis des Schweigens und Gedenkens intuitiv zu erfassen. Bezeugung dieses Dramas ist ihr einsamer Tod. Das äußere Schweigen hätte für sie der essenzielle Faktor des inneren Schweigens sein müssen, aber das konnte die Callas nicht akzeptieren. Die Einsamkeit drohte ihr, schwer wie ein Todesurteil. Paris, die Stadt der Kunst, des Theaters, der Kultur, war nicht in der Lage, sie zu beschützen. Und sie, Interpretin so vieler Figuren, hatte nicht gelernt, mit sich selbst zu leben, mit ihrer eigenen geistigen Intimität. Diese Überlegungen sind die Konsequenz meiner Erinnerungen an damals, als ich dieses weiße, irreale Gesicht so genau betrachtete. Für eine Schriftstellerin hat Maria Callas weit über die bloße Hülle hinaus unendlich viele Facettierungen in den Furchen der Seele und des Herzens. Ihr Mythos eilt der Zeit voraus, und ihr Geheimnis harrt noch der Enthüllung.

*Maria Callas
Porträt von Ulisse Sartini*

Riccardo Muti

Die erträumte Lady Macbeth

1962 studierte ich Orchesterleitung in Mailand bei Antonino Votto, einer meiner Lehrer und einer jener Dirigenten, die mit Maria Callas gearbeitet hatten. Ich hatte diese große Künstlerin schon gehört, doch nur im Radio, und dabei schätzen gelernt.

Es war Votto, der mir viel über sie berichtete, die Art, wie sie sich musikalisch vorbereitete und über ihre Professionalität. Die Callas – sagte der Maestro zu mir – habe immer bei allen Proben »mit voller Stimme« gesungen. Das könnte selbstverständlich erscheinen, aber heute gibt es viele Sänger, die sich bei den Proben schonen. Die Callas probte »in voce« weil sie nach der besten Art und Weise suchte, durch die das Wort zum Vehikel und befördernden Element der Musik werden könne. Darin lag ihre Modernität. Wiederum war es Votto, der mir von ihrer famosen *Vestalin* erzählte, die unter der Regie von Luchino Visconti entstanden war und die später auch zur Wiederannäherung und Aussöhnung von Toscanini mit De Sabata führte, wie ein Foto dokumentiert, das Spontini während der Opernproben geschossen hat.

Als ich mich entschloss, für das Maggio Musicale Fiorentino der Saison 1973–74 *Macbeth* zu inszenieren (Franco Enriquez sollte Regie führen) suchte ich nach der geeigneten Lady Macbeth. Ich war noch immer derart beeindruckt von der Interpretation der Maria Callas (ich hatte die Plattenaufnahme der Oper gehört, ein Mitschnitt der Aufführung an der Scala unter De Sabata), dass ich sie nicht vergessen konnte. Es war mir eine großartige Lektion: Die Interpretation war neu, modern, dennoch so geladen mit der Kraft des altgriechischen Theaters, das sie in sich trug, das sie im Blut hatte.

In jenem Jahr 1973 hielt ich mich wegen einer Reihe von Proben und einiger Konzerte eine Zeit lang in Philadelphia auf und lernte in dieser Zeit einen Herrn kennen, der inzwischen leider verstorben ist. Er arbeitete bei Angel Records (die amerikanische EMI) und hieß John Coveney. Ich sprach mit ihm über die Callas und ihre Interpretation der *Lady Macbeth* in Verdis Oper. Er sagte mir, er sei gut befreundet mit Maria und dass er im Sommer die Ferien bei ihr in ihrer Villa verbringen werde. Zu jener Zeit gab die Callas gelegentlich noch Konzerte, obwohl sie ihre Bühnenkarriere bereits beendet hatte. Ich gestand ihm, dass ich mir für meinen *Macbeth* erträumte, dass die Callas noch einmal als *Lady Macbeth* auf die Bühne zurückkehren würde.

Eines Morgens, früh, erreichte mich im Zimmer meines Hotels ein Telefonanruf. Eine klare, reine Frauenstimme fragte: »Maestro Muti?«

»Ja«, antwortete ich, ein wenig amüsiert.

»Sie kennen mich, aber wir sind uns nie persönlich begegnet«, sagte sie scherzend; sie wollte wohl sehen, ob ich erraten könne, wer am Apparat war. Dass es sich um die

Maria Callas in der Rolle der Alceste, Mailand Scala 1954

Luciano Pavarotti

Maria, die Spitze der Fahnenstange

Callas handelt, konnte ich mir einfach nicht vorstellen, vor allem, weil John mir nicht gesagt hatte, dass er mit ihr gesprochen hatte, und schon gar nicht hatte er mir ihren Anruf avisiert. Nach einigen weiteren Worten gab sie sich zu erkennen: »Ich bin Maria Callas«, sagte sie und ich werde die Art und Weise, wie sie das sagte, nie vergessen, diese Kadenz, diese Feierlichkeit, fast so, als hätte sie das Aussprechen ihres Namens geübt. Ich war verwirrt und verlegen. Nicht eine Sekunde konnte ich an einen Scherz glauben, denn diese Stimme, dieser Tonfall, mit dem die Unterhaltung bisher geführt worden war, auch wenn es ein paar Sekunden lang nach einem Spiel klang, konnte niemand anderem gehören, als der wahren und echten Person. Da es mir für einen Augenblick die Sprache verschlagen hatte und ich schwieg, sie aber wohl meine Verblüffung spürte, nannte sie den Namen John Coveney. Nein, es handelte sich weder um einen Scherz noch um einen Traum. Vielmehr fügte sie gleich hinzu: »Ich weiß, dass Sie nach mir gesucht haben, dass sie an mich gedacht haben für die Partie der *Lady Macbeth*. Es wäre mir eine immense Freude gewesen ...«, sie machte eine kurze Pause und fuhr dann fort, »aber es ist zu spät.« Dieses »zu spät« war ein wenig wie das der *Violetta*, wie eine Erinnerung an die *Traviata*, und sie sprach es mit einer großen Nostalgie, fast mit Bitterkeit, und dennoch als große Dame.

So endete unser erstes und einziges Gespräch, doch ihre Stimme, diese »Stimme«, die ich bis dahin nur als die Stimme der Sängerin kannte, ihre persönliche Sprechstimme, blieb mir in Erinnerung und sie wird mir immer in Erinnerung bleiben, zusammen mit einem Gefühl der Dankbarkeit für dieses Telefonat. Maria Callas, eine große Frau und eine große Künstlerin, hatte sich die Mühe gemacht, einen relativ jungen und noch kaum bekannten Dirigenten anzurufen, auch wenn ich damals schon Leiter der Londoner Philharmoniker war.

Maria Callas und Enrico Caruso waren die Größten von uns allen, doch meiner Meinung nach hat Maria zu viel für die Oper getan, viel zu viel.

Vor allen Dingen hat sie natürlich wunderbar gut gesungen, sie hat sich eine Persönlichkeit erworben.

Es ist ihr gelungen, dass man über sie und unser Ambiente gesprochen hat.

Ich habe sie hinter den Kulissen der Carnegie Hall kennengelernt, wo sie mit Giuseppe Di Stefano sang.

Sie war eine entzückende Frau.

Sie starb viel zu früh, das war ein großer Verlust; doch sie hat die Fahne an die Spitze der höchsten Fahnenstange geheftet.

Maria Callas als Medea, Epidaurus 1960

Register

Deutsch

Artischockenomelette	49
Austern im Teigmantel	95
Austernpastetchen	96
Béchamelsauce	29
Béchamelsauce mit Kapern	31
Béchamelsauce mit Curry z. Fisch	30
Bigoli mit Entenragout	60
Birnenkuchen mit Blätterteig	74
Blätterteigröllchen mit Nüssen	107
Bollito misto	40
Brasilianisches Nationalgericht	111
Burgunderbraten	132
Canapées mit Gänseleber	124
Carpaccio »Harry's Bar«	26
Carpaccio »Mario«	83
Crostini mit Hühnerlebern	47
Ente gefüllt	44
Flambierte Jakobsmuscheln	128
Fleischbällchen	106
Fleischbällchen mit Oregano	106
Frittiertes Hähnchen	120
Fruchtsorbet	114
Gebackene gefüllte Kartoffeln	117
Gelierte Consommé	33
Glasierte Süßkartoffeln	117
Griechisches Rezept mit Lamm	42
Grüne Bohnen	133
Hähnchen im Topf Soumaroff	36
Hähnchen mit Avocado	110
Hummersoufflé Mantua	126
Jamaikatorte mit Erdbeeren	75
Kalbsbraten orientalische Art	131
Kalbsgulasch	87
Kalbsleber venezianische Art	58
Kalbsschnitzelchen römische Art	37
Karamellcreme	91
Karamellisierter Obstkuchen	74
Kartoffeln pariser Art	133
Käsecreme mit weißen Trüffeln	93
Käsekuchen	122
Konditorcreme	135
Krabben mit Linsen	109
Kürbissuppe	116
Kürbistorte mit Amaretti	73
Lachs Müllerin Art	62
Languste mit Mayonnaise	105
Languste mit Olivenöl & Zitrone	105
Lende mit Ananas	112
Maisbrot	121
Maisgriesbrei	58
Mayonnaise für das Carpaccio	27
Meeresfrüchte-Carpaccio	82
»Mein Kuchen«	72
Muscheln nach Fischerinnen Art	63
Mitternachtssuppe m. Flusskrebsen	94
Mürbteig Grundrezept	71
Ossobuco mailänder Art mit Gremolata	54
Orientalischer Reis	35
Pasta mit Sardinen palermitaner Art	68
Pasta & Bohnen venezianische Art	101
Peará-Sauce	41
Pfannkuchen-Spinat-Auflauf	98
Pfirsicheis	77
Pikanter Reiskuchen a. d. Pfanne	53
Pilze toskanische Art	47
Pizza Grundrezept	70
Ravioli mit Krabben-Seezungen-Füllung	64
Reis auf brasilianische Art	109
Reis mit Erbsen (Risi e Bisi)	57
Reisauflauf a. neapolitanische Art	67
Risotto mailänder Art	53
Risotto mit Äpfeln	66
Risotto mit Gorgonzola	66
Risotto mit Spargel	57
Sahnedessert	89
Salat von frischem Lachs mit Tomaten	119
Sauce für das Carpaccio	26
Scampi Flamingo	35
Scampi mit Fetakäse überbacken	103
Senfsauce	31
Schokoladenkuchen	73
Schokoladenmousse	89
Schokoladensoufflé	77
Seezungenfilets normannische Art	129
Soufflé mit Waldbeeren	38
Spaghetti mit Meeresfrüchten	84
Stockfisch veroneser Art	45
Stockfisch-Spinat-Timbale	99
Suppe mit schwarzen Bohnen	116
Suppe mit Seedatteln	86
Tagliolini mit Jakobsmuscheln	100
Tagliolini mit Schinken gratiniert	28
Toskanische Gemüsesuppe mit Schwarzkohl	48
Toskanische Gemüsesuppe	69
Truthahn gebacken	121
Vanillecreme, leichte	55
Vanillesauce	88
Viererlei Braten, toskanische Art	50
Weinbergschnecken auf provençalische Art	125
Weinschaumcreme (Zabaglione)	45
Windbeutel	134
Wunschtraum des Königs	136

Landessprachlich

Anitra ripiena	44
Astakòs mayonnésa	105
Astakòs vrastos ladholémono	105
Arrosto misto alla Toscana	50
Arroz à brasileira	109
Baccalà alla veronese	45
Baccalà in turbante	99
Besciamella ai capperi	31
Beignets	134
Bigoli con ragù d'anatra	60
Black Bean Soup	116
Bocconcini di vitello	87
Boeuf Bourgignon	132
Bollito misto	40
Camaroes com lentilhas	109
Canapées à Fois gras	124
Carpaccio	26
Charidhes me feta	103
Cheesecake	122
Chicken Royal	121
Consommé gelé en Tasse	33
Coquilles St. Jacques Flambées	128
Costeleta de porco com abacaxi	112
Cozze alla Marinara	63
Crema di formaggio ai tartufi bianchi	93
Crema leggera	55
Crema liquida	88
Cremé anglaise	135
Créme caramel	91
Crostini di fegatini	47
Désir de Roi	136
Escargots à la provençale	125
Fegato alla Veneziana	58
Feijoada	111
Floyéres	107
Frango com abacate	110
Frittata ai carciofi	49
Frittura di ostriche	95
Funghi alla Toscana	47
Gelato di pesca	77
Glazed Sweet Potatoes	117
Haricots verts	133
Insalata di Carpaccio marinato	82
Insalata di Carpaccio »Mario«	83
Kefthedes	106
Kefthedàkia	106
La ricetta greca con agnello	42
Lomi Lomi	119
Mousse di cioccolato	89
Ossobuco alla Milanese in Gremolata	54
Ostriche in pastella	96
Panna cotta	89
Pasta con le sarde alla Palermitana	68
Pasta e fagioli alla Veneta	101
Pasta frolla	71
Pasticcio di crespelle	98
Patate parisienne	133
Peará	41
Pizza	70
Polenta	58
Poulet en Cocotte Soumaroff	36
Pumpkin Soup	116
Ravioli di pesce fresco	64
Ribollita	69
Risi e bisi	57
Riso al salto	53
Risotto al Gorgonzola	66
Risotto alle mele	66
Risotto di asparagi	57
Risotto alla Milanese	53
Riz oriental	35
Salmone alla Mugnaia	62
Salsa besciamella	29
Salsa besciamella al curry	30
Salsa Carpaccio	26
Salsa di senape	31
Salsa Maionese	27
Saltimbocca alla romana	37
Scampi Flamingo	35
Soles à la Normande	129
Sorvete di frutas	114
Soufflé de homard mantua	126
Soufflé di cioccolato	77
Soufflé glacé con fragoline	38
Southern Fried Chicken	120
Spaghetti frutti di mare	84
Stuffed Baked Potatoes	117
Tagliolini alle capesante	100
Tagliolini gratinati al prosciutto	28
Tendrons de veau à l'orientale	131
Timballo di riso alla Napoletana	67
Torta al cioccolato	73
Torta alle pere	74
Torta caramellata	74
Torta di zucca amara	73
Torta giamaica alle fragole	75
Torta mia	72
Zabaglione	45
Zuppa di cavolo nero	48
Zuppa di datteri	86
Zuppa di gamberi di fiume	94

Lebenslauf

1923 Maria Anna Sophie Cecilia Kalogeropoulos wird am 2. Dezember in New York geboren. Die Eltern, Giorgio und Evangelia Kalogeropoulos, waren griechische Immigranten und lebten seit 1923 in Long Island, New York. Ihr Vater eröffnet 1929 im griechischen Viertel von Manhattan eine Apotheke und ändert den Familiennamen in Callas.

1932–1935 Maria erhält ihren ersten Klavierunterricht. Sie wird später in der Lage sein, ihre Rollen allein am Klavier einzustudieren. Die 12-jährige singt im amerikanischen Rundfunk und gewinnt den ersten Preis beim Wettbewerb »L'ora del dilettante«.

1937 Die Eltern der Callas lassen sich scheiden. Evangelia kehrt mit den beiden Töchtern nach Griechenland zurück und nimmt wieder den Namen Kalogeropoulos an.

1938 Maria Kalogeropoulos wird am Staatlichen Konservatorium von Athen aufgenommen, obwohl sie noch nicht das Mindesteintrittsalter von 16 Jahren erreicht hat, und beginnt ihre Ausbildung bei Maria Trivella.

11. April: Zusammen mit anderen Studenten und Kollegen gibt sie das erste öffentliche Konzert.

1939 2. April: Maria gibt ihr Bühnendebüt in der Rolle der *Santuzza* bei einer Studentenaufführung der *Cavalleria rusticana* und gewinnt den Preis des Konservatoriums. Elvira de Hidalgo wird Marias Lehrerin; sie konzentriert sich nun auf das Studium des Koloraturgesangs.

1940 21. Oktober: Erstes Engagement bei der Truppe des Lyric Theatre im Königlichen Theater von Athen. Sie singt Lieder im *Kaufmann von Venedig* von Shakespeare.

1941 21. Januar: Debüt als ausgebildete Opernsängerin; sie singt den Part der *Beatrice* in *Boccaccio* im Palais Cinema mit der Theatertruppe des Lyric Theatre, mit dem sie auch in den kommenden vier Jahren zusammenarbeiten wird; sie singt in *Tosca*, *Tiefland*, *Cavalleria rusticana*, *Fidelio* und im *Bettelstudent*.

1942 27. August: Sie singt die *Tosca* erstmals in Griechisch bei einer Freiluftaufführung im Theater des Sommerparks, Klafthmonos-Platz.

1944 Maria Kalogeropoulos will in die Vereinigten Staaten zurückkehren und ihren Vater suchen. Sie tritt in Beethovens *Fidelio* im Amphitheater Erode Attico auf und gilt als beste junge griechische Sopranistin.

1945 3. August: Sie gibt ein Abschiedskonzert in Athen, ihr erster Soloabend.

September: Sie kehrt nach New York zurück, nimmt wieder den Namen Callas, oder vielmehr Kalos, an.

Dezember: Sie singt an der Metropolitan Opera vor, erhält aber kein Engagement.

1946 Sie sucht vergeblich Arbeit und setzt zugleich ihre Gesangsübungen fort. Sie lernt Eddie Bagarozy kennen und nimmt sein Angebot an, im Januar 1947 gemeinsam mit berühmten europäischen Sängern in einer neuen Truppe, die er zusammen mit dem italienischen Impresario Ottavio Scotto gründen möchte, in Chicago in *Turandot* zu singen.

1947 Januar: Die Chicago-Truppe geht wenige Tage nach Programmeröffnung in Konkurs. Nicola Rossi Lemeni, der zur Truppe gehörte, und der Dirigent Sergio Failoni stellen die Callas dem in den Staaten weilenden Giovanni Zanatello vor, der Sänger für die Arena von Verona sucht; er engagiert die Callas für die Rolle der *Gioconda*.

Am 27. Juni kommt Maria Callas in Neapel an und beginnt am folgenden Tag in Verona mit den Proben. Kurz darauf lernt sie Giovanni Battista Meneghini kennen.

2. August: Italiendebüt in der Arena von Verona als *La Gioconda* unter der Leitung von Tullio Serafin. Die Aufführung hat recht guten Erfolg, doch die Callas hinterlässt keinen besonderen Eindruck, und die erhofften Folgeengagements bleiben aus. Im Dezember debütiert sie im La Fenice in Venedig in *Tristan und Isolde*.

1948 30. November: Die Callas singt in Florenz erstmals die *Norma*, eine Rolle, die sie öfter als jede andere in ihrer Opernkarriere singen wird.

1949 19. Januar: Nachdem sie die Brünnhilde in der *Walküre* gesungen hat, springt Maria Callas auf Drängen von Serafin für die indisponierte Margherita Carosio in der Partie der *Elvira* in den *Puritanern in Schottland* im La Fenice ein. Es ist der Wendepunkt in der Karriere der Callas und ihre Geburtsstunde als agile Sopranistin.

21. April: Sie heiratet Meneghini und schifft sich noch am selben Abend nach Argentinien ein, um in Buenos Aires zu singen. Mit Hilfe ihres Ehemanns macht sie in den folgenden zwei Jahren in Italien und im Ausland Karriere.

1951 7. Dezember: Die Callas eröffnet die Saison an der Scala von Mailand unter *Vespri Siciliani* mit großem Erfolg. Während der folgenden sieben Jahre ist die Scala das Theater ihrer größten Triumphe.

1952 29. Juli: Die Callas unterzeichnet einen Vertrag mit der Plattenfirma EMI und nimmt im August als erste Arie »Non mi dir« aus *Don Giovanni* auf.

1953 Februar: Die erste in den Verkauf gelangende Platte für EMI ist *Lucia von Lammermoor*. Im selben Jahr nimmt die Callas unter der Leitung von Victor de Sabata an der Scala eine Opernserie auf, beginnend mit den *Puritanern* und der *Cavalleria rusticana* über *Serafin* bis *Tosca*.

1954 In sehr kurzer Zeit verliert die Callas 30 Kilogramm Gewicht. Sie nimmt vier weitere Opern an der Scala auf sowie ihre ersten beiden Platten in London.

November: Sie singt in Chicago die *Norma*, *La Traviata* und *Lucia von Lammermoor*.

Dezember: Sie eröffnet die Saison an der Scala mit *La Vestale* von Spontini und arbeitet dabei erstmals mit dem italienischen Regisseur Luchino Visconti zusammen.

1956 29. Oktober: Sie singt zum ersten Mal an der Metropolitan Opera von New York die *Norma*, gefolgt von *Tosca* und *Lucia*.

1957 September: Bei einem Fest in Venedig macht die amerikanische Klatschkolumnistin, Elsa Maxwell, die Meneghinis mit Aristoteles Onassis bekannt.

1958 2. Januar: Maria Callas unterbricht eine Vorstellung an der römischen Oper zu Ehren des italienischen Präsidenten die Aufführung der *Norma* nach dem Ersten Akt. Die nicht an die Krankheit glaubende Presse kritisiert sie hart.

Mai: Während der Aufführung von *Il Pirata* streitet sie mit dem Superintendenten der Scala, Antonio Ghiringhelli und beschließt, nie wieder einen Fuß in die Scala zu setzen.

6. November: Rudolf Bing, Direktor der Metropolitan Oper, verzichtet auf die Callas, weil keine Einigung über die zukünftige Gage in New York zu erzielen ist.

19. Dezember: Sensationelles Debüt der Callas in Paris bei einem Galakonzert an der Oper. Unter den anwesenden Gesellschaftsgrößen ist auch Aristoteles Onassis.

1959 Inzwischen wählt Maria Callas nur noch sehr ausgesuchte Auftritte. Im Juli ist sie mit Meneghini zu einer Kreuzfahrt auf der Yacht von Onassis, zu den illustren Gästen gehören auch Churchill und Agnelli. Am Ende der Kreuzfahrt sind die Callas und Onassis ein Liebespaar und die Ehe mit Meneghini ist zu Ende.

1960/1961 Die Callas reduziert ihre künstlerischen Verpflichtungen immer mehr und widmet sich dem internationalen Leben mit Onassis. Sie feiert jedoch große Triumphe in Epidauros in der Rolle der *Norma* und als *Medea* an der Scala von Mailand.

1962 Ihre Bühnenpräsenz ist auf wenige Konzertauftritte beschränkt.

1964 Januar: Zeffirelli überredet die Callas, zur Opernbühne zurückzukehren; in Covent Garden gibt es eine unvergessliche Inszenierung der *Tosca*.

Mai: Die Callas singt die *Norma* in Paris unter George Prêtre, Regie führte Zeffirelli. Obwohl die Callas Stimmprobleme hat, hat sie bei ihren Vorstellungen große Erfolge.

1965 Februar: Die Callas singt bei neun Vorstellungen der *Tosca* in Paris.

März: Triumphaler Rückkehr an die Metropolitan Opera in New York zu zwei Aufführungen der *Tosca*.

Mai: Sie verpflichtet sich zu fünf weiteren Aufführungen der *Norma* in Paris. Sie fühlt sich müde, will aber nicht absagen. Am 29. Mai verlässt sie die Bühne im II. Akt fast im Koma.

5. Juli: Statt vier weiteren Aufführungen der *Tosca* in Covent Garden singt sie nur an diesem Galaabend in Gegenwart der Königin Elisabeth II. Es ist die letzte komplette Opernaufführung ihrer Karriere.

1966 In der Hoffnung, Onassis werde sie dann heiraten, verzichte Maria Callas auf ihre amerikanische Staatsbürgerschaft und nimmt die griechische an; damit ist ihre Ehe mit Meneghini annulliert. Doch Onassis entscheidet sich anders.

1968 20. Oktober: Nachdem seine Beziehung zur Callas abgekühlt war, heiratet Onassis Jacqueline Kennedy.

1969 Juni/Juli: Die Callas übernimmt die Rolle der *Medea* in dem Film, den der Regisseur Pier Paolo Pasolini nach dem Drama des Euripides dreht. Der Film hat hohen künstlerischen Wert, aber nicht den erhofften kommerziellen Erfolg.

1971/1972 Die Callas unterrichtet an der Juilliard School of Music in New York die Meisterklasse. Hier trifft sie Giuseppe Di Stefano wieder, den Bühnenpartner von einst.

1973 Di Stefano überredet die Callas, mit ihm eine Konzert-Welttournee zu unternehmen. Die Tour beginnt am 25. Oktober in Hamburg und endet im Oktober 1974, das Publikum bereitet ihnen überall triumphale Empfänge, doch gibt es keine große Zurückhaltung bei der Kritik.

1974 Am 11. November findet ein letztes Konzert der Reihe mit Di Stefano in Sapporo in Japan statt. Es ist der letzte öffentliche Auftritt der Maria Callas. Sie bricht die Beziehung zu Di Stefano ab.

1975 Am 15. März stirbt Onassis. Maria Callas führt ein immer zurückgezogeneres Leben.

1977 Am 16. September stirbt Maria Callas allein in ihrem Appartement unter noch immer ungeklärten Umständen.

Inhalt der beiliegenden CD

Playlist

I Puritani
Vincenzo Bellini (1801–1835)
1. O rendetemi la speme – 1.43
2. Qui la voce sua soave – 8.41

Norma
Vincenzo Bellini (1801–1835)
3. Casta diva – 7.20

Lucia di Lammermoor
Gaetano Donizetti (1797–1848)
4. Il dolce suono – 2.54
5. Spargi d'amaro pianto – 3.46

La Gioconda
Amilcare Ponchielli (1834–1886)
6. O madre mia – 1.51
7. Suicidio – 4.34

Tosca
Giacomo Puccini (1858–1924)
8. Mario! Mario! Mario! … Son qui! – 2.02
9. Ora stammi a sentir – 3.12
10. Vissi d'arte – 3.14

Madame Butterfly
Giacomo Puccini (1858–1924)
11. Un bel di vedremo – 4.37

La Traviata
Giuseppe Verdi (1813–1901)
12. Un di, felice, eterea – 3.31
13. Addio, del passato – 3.26
14. Parigi, o cara, noi lasceremo – 4.07

Aida
Giuseppe Verdi (1813–1901)
15. Ritorna vincitor! – 6.48

Il Barbiere di Siviglia
Gioacchino Rossini (1792–1868)
16. Una voce poco fa – 6.55

La Traviata
Giuseppe Verdi (1813–1901)
17. Libiamo, ne lieti calici – 3.11

℗ & © 2007
This compilation:
carthago media projects
licensed by Naxos Rights
International Ltd.

Impressum

© 2007 by Südwest Verlag, einem Unternehmen der Verlagsgruppe Random House GmbH, 81673 München

Bildnachweis:
Alle Foodbilder: Jörn Rynio, Hamburg
Alle Peoplebilder: Bruno Tosi, Venedig
Titelbild: inter Topics (Motion Pictures), Hamburg
Umschlagbilder hinten: Bruno Tosi, Venedig (People); StockFood GmbH, München (Still)

Redaktionsleitung: Susanne Kirstein
Vermittlung und Vertretung des Autors:
Simoni Art, Aldo Coscarella, Großhansdorf
Management für Bruno Tosi · simoni.art@gmx.de
Buchkonzept, Textbearbeitung, Redaktion: Nina Andres, München
Konzeption, Projektrealisation, Satz: Eva M. Salzgeber, Neubeuern
Umschlag- und Layoutentwicklung: Eva M. Salzgeber, Neubeuern
Bildredaktion: Tanja Nerger · Eva M. Salzgeber, Neubeuern
Herstellung: Elke Cramer
Reproduktion: Lorenz + Zeller, Inning a. A.
Druck und Bindung: Mohn media Mohndruck GmbH, Gütersloh

Printed in Germany

ISBN 978-3-517-08267-7
9817 2635 4453 6271

Alle Rechte vorbehalten. Vollständige oder auszugsweise Reproduktion, gleich welcher Form (Fotokopie, Mikrofilm, elektronische Datenverarbeitung oder durch andere Verfahren), Verfielfältigung, Weitergabe von Vervielfältigungen nur mit schriftlicher Genehmigung des Verlags.

Hinweis:
Das vorliegende Buch ist sorgfältig erarbeitet worden. Dennoch erfolgen alle Angaben ohne Gewähr. Weder Autor noch Verlag können für eventuelle Nachteile oder Schäden, die aus den im Buch gegebenen Hinweisen resultieren, eine Haftung übernehmen.

Herzlichen Dank für die Zusammenarbeit an:
Ferruccio Mezzadri
Elena Pozzan
Monica Wiards
Gisele Binner
Aldo Simoni
Maria Grazia Bortolato
Cosimo Capanni

Maria Callas
ASSOCIAZIONE CULTURALE